경남시인선 143

7년만의 사랑

최두환 시집

도서출판 경남

경남시인선 143

7년만의 사랑
최두환 시집

펴낸날 | 2012년 1월 5일

지은이 | 최 두 환
펴낸이 | 오 하 룡
펴낸곳 | 도서출판 경남

주　소 | 창원시 마산합포구 남성로 42
연락처 | (055) 245-8818~8819
홈페이지 | www.gnbook.com
블로그 | gnbook.tistory.com
이메일 | gnbook@empal.com
등　록 | 제2호(1985. 5. 6.)
편집팀 | 오태민 | 심경애 | 구도희

ISBN 978-89-7675-741-8-03810

〔값 10,000원〕

머리말에 부쳐

태양의 반대편에는 늘 그림자가 있다. 그 그림자는 태양 때문에 존재하지만, 늘 존재하면서도 실체가 없는, 언제나 검은빛으로 다른 색깔을 못 받아들이며, 다른 발광체가 있으면 각도를 달리한 또 하나의 그림자가 생기는 유령이다. 그 유령을 잡아두어 실체를 밝히는 것이 기록이고, 그 실체를 읊는 것이 시라 생각한다. 당신이 태양일 때 나는 그림자가 되어 늘 당신을 바라본다. 그래서 나는 늘 당신의 그림자이고 싶다.

인생의 길목에서 의미 있는 사건으로 생각되는 것은, 개인이든 조직이든, 그 기록을 남겨두는 것이 그 가치가 정확히 확인될 수 있기에 다음의 글을 그대로 옮겨 태양과 그림자를 엮어본다.

> 최두환 님의 〈7년만의 사랑〉 외 4편을 당선작으로 한다. 최두환 님은 사랑이 묻은 감성이 곰지락거려 시정을 일으키게 한다. 시인의 땅은 촉촉한 물기가 있어야 하는데 다행스럽게 이 땅에 아무 꽃이라도 심으면 잘 자랄 것 같아 마음이 놓인다. 시인은 참되고 아름다운 영혼으로 언어를 통하여 빛나게 하고, 감동을 주고, 공

명하게 하기에 언어 연마와 직조의 기능에 노력을 아끼지 말아야 할 것이다. 나는 화산의 마그마처럼 땅속 깊은 곳에서 뜨겁게 몸부림치다가 어느 날 거대한 불기둥을 세우는 것처럼 최두환 님을 바라본다. 그리고 신비로운 시의 세계에서 조심스럽게 언어의 연금술사가 되어 감동을 주는 시인이 되길 바란다. 등단을 축하한다.

심사위원 갈정웅 · 채규판

나는 나를 잘 모른다. 그래서 무엇이든 알려고 노력한다. 특히 진실을. 갓 스물에 '月下' 라는 별호로 《현대문학》에 문을 두드리다 말고 남의 나이를 먹을 때까지 갓길을 걸으며, 늘 한길 쪽을 바라보며 살았다. 그런데 정말로 '우연히' 인지, '적연히' 인지, 진실에 목마른 한 사나이에게 다가온 '시인 月下' 의 정념으로 《한맥문학》(통권 230호, 2009. 11)에서 '신인 시' 를 뽑아준 심사위원의 심사평이 늦사리의 시인으로 데뷔한 나에 대한 편견을 공론화해주었다고 감히 생각해본다, 매우 과분하지만. 또 언제나 입맛다시면서 나를 치잡아주는 《작은 문학》은 참으로 좋은 친구다.

편견의 공론에도 불구하고, 아집스럽게도 '감동의 연금술사' 되기를 스스로 뒤로하고, 더욱 벼랑의 외곬으로 끌고 가는 력사의 진실 앞에 여전히 넋을 놓고 있다. 그래도 시로써 삶을 노래하고, 시로써 조선을 진단하고, 시로써 조선을 새롭게 엮어내려는 기염을 돋보여주고 싶기 때문이다.

그래서 이따금씩 생소하고, 가끔은 생뚱맞은 말 같잖은 독설獨說은 사막의 그 한가운데에서 낙타 젖 짜고, 말 젖 짜내는 듯한 생존본능의 욕심으로 보인다면, 그나마도 다행일 수도 있지만, 그 욕심이 지나쳐 욕구불만에 찬 파토스pathos일지라도, 그것이 한여름 가뭄에 찌든 풀뿌리에게 생명력을 넣어주는 용두레질이라면 그 또한 얼마나 고마운지는 가난에 찌든 농부나 알 수 있듯이, 갈망의 진실이 잠겨 있는 력사의 바다에 뜬 아시아와 그 조선의 무대는 태풍 속의 조난선이 갈구하는 희망과 같을 것이다.

지식의 창조이고, 의미의 다양성과 함축성을 갖고, 상상력과 추리력의 이중 구조적 사고를 파헤치며, 무엇보다 갈등과 모순, 맹종과 반역, 사랑과 미움, 미화와 찬양, 그리고 압축과 절제와 여운으로 은유된 참과 거짓의 현장을 고발하는 시를 아끼며, 시를 키우고 싶다, 나는.

사춘기에 막 접어드는 때의 머슴살이 1년 동안에 가난한 농부의 진정한 진심을 터득한 생활이 내 인생을 이끌어가고 글을 쓰는 모든 생각의 뿌리이며, 가장 과학적이지 않은 문학의 시적 언어는 내 어린 그 머슴시절의 꿈의 대상이었기에 이제 가장 과학적 사고를 요구하는 학문과 나란히 력사의 대문 앞에서 서성이다가 오래뜰에 발을 딛고 마침내 숙원의 그 걸음을 떼었다.

서성이던 걸음이 문턱을 넘어서서 바른길로 똑바로 나아가기를 바라는 마음에서 시인으로 데뷔한 시 《7년만의 사랑》을 시집의 이름으로 상재해본다.

白樂 최두환 짓다

차 | 례

제2부 력사와 함께 보는 눈

제3부 고향 하늘 이야기

제4부 진실의 바다에서

제1부 세상과 함께 보는 눈

행운목 꽃 피는 날

듣기만 하여도 올 것만 같은 이름 땜에
보면야 볼수록 또 짜드라 다가오는
끝닿은 보꾹* 너머에 은결들* 듯 기다리는

딸애네 행운목이 꽃 피었단 소식 듣고
공연 떨며 기뻐하는 깔깔웃음 한 보따리
고까짓 기다림도 모자라 엉버티며* 컸나보다.

어느 날 이른 아침 선잠 맡에 스며오는
야릇한 향긔따라 성큼 디딘 창가엔
꿈인 듯 송알송알 옹기옹기 복이려니

백 년에 필까말까 행운만큼 귀하다던
십년을 애잔한 맘 송아리떼 눈에 송송
은근한 내만큼이나 온 누리에 퍼지소서!

*보꾹 : 더그매 아래쪽의 천장.
*은결들다 : 원통하여 남몰래 속이 상하다.
*엉버티다 : 커다랗게 턱 버티다.

아침 새 지저귐의 저편에

깊숙한 구산* 허리
샘물 소리 마냥 흘러
오늘따라 짝짝짝 짹짹짹
작은 새들의 아침 합창
살며시 고개 숙여 들여다 엿보는데
어느새 훌쩍 떠나며 간 곳을 숨기네.

왠지 모를 바쁜 하루
쉬어갈 틈 생각하며
숲속의 소리 따라
살그미 넘늘다가
돌부리 스친 소리에 날갯짓만 호드득
다시 올 그 자리에는 빈 하늘만 덩그러니

쪽동백 서리서리
서름타* 아니하고
모여든 작은 새들
부리 끝에 물린 풀벌레
똥그라니 의젓한 눈매 속에 애처로운 몸부림
엇걸린 틈사* 세상이라 곤댓짓하며 작작嚼嚼거렸나보다.

*구산龜山 : 진해시 자은동 뒷산.
*서름하다 : 남과 가까이 하지 않다.
*틈사闖肆 : 기회를 타서 제멋대로 함.

이름, 그리고 의미 부여

처음으로 생겨나 갖추어진 형상을
무어라 부르리까
태초부터 있어 온 이름 모를 온갖 것
어떻게 부르리까
아무개, 거시기, 머시기, 이것, 저것, 그것, 고것 참.

제 이름값 못하는 말로는 무슨 뜻인지 알 수 없고
뜻이 없으면 가치도 없을 터.
불러보자, 내가 그 이름을.
불러주자, 내가 그 이름을.

당신은 하늘
나는 땅.

당신은 해
나는 달.

당신은 북극성
나는 해왕성.

당신은 샛별 화성 목성 토성 수성 명왕성
나는 밤밤 밤밤밤 밤.

당신과 내가 엮어가는 영원한 사랑의 의미를.

바위, 그리고 가치 부여

너는 돌이라
야물기도 하지.

바람이 스치고, 휘감고, 휘몰아치고,
빗방울이 만지고, 때리고, 후려치고,
파도가 간질이고, 부딪치고, 덮치고,
태풍이 몰아쳐 휩쓸고, 홍수지고, 사태지고, …
그래도 아무렇지도 않은 듯 가만히 있지.

파리도 앉아보고,
모기도 앉아보고,
뱀도 기어 올라보고,
여우도 올라 앉아보고,
뱁새도 종종걸음 앉아보고,
황새도 성큼성큼 앉아보고,
하늘 보는 신사도 앉아보고,
땅 보는 거렁뱅이도 앉아보고,
도둑놈도 앉아보고,
한량도 앉아보고,…
그래도 아무렇지도 않은 듯 조용히 있지.

꽃씨도 날려 와 앉기도 하고,
날짐승들 날다 떨군 똥 묻기도 하고,
길짐승들 비비댄 몸 때 붙어도 있고, …
그래도 아무렇지도 않은 듯 얌전히 있지.

비바람이 몰아쳐도
뙤약볕에 가물어도
떨어질 줄 모르고 붙어 있는 끈질긴
드러내놓고 부둥켜 꼭 껴안은
이끼나, 저 이끼 끼어 있어도
그래서 남몰래 삭고 삭아 떨어져
굵고 가는 모래알이 되더라도
너는 돌이라.

어떤 누군가의 이름 새겨진 비석 되어
잊혀지고 말 영원을 노래도 하지.

나를 돌이라, 돌머리라 말하지 말라!
입 다물다 몸 썩어버린 나에게.

매화, 향기 진해 사랑스러운 당신

덜 깬 잠 다그치는 봄눈 부스스 내리면
눈 부비는 개구리 손 벙시레 씨붙이다.

새벽닭도 홰치는 경칩이면
새도 염불하고 쥐도 방귀를 뀐다며
아침결에 아슬랑아슬랑 꽃눈 내민 매화.

춘화도 베껴놓은 하늘 아래
베버의 법칙*을 머츰하고 서서
열일곱 당신의 볼살 내음 가득한
매화, 향기 진해 더욱 사랑스러운 당신.

산길 오르는 냉천길 따라
속살거리는 실개천 가에
팝콘을 붙여놓은 설중매화 한 폭
장독 뒤에 숨은 홍매로 피어나
볼 발그레진 소녀의 얼굴마냥
편지 속에 누름꽃 끼워 보낸 누이 생각나.

깊숙이 매실을 품 안에 안은
청매, 금매 백매 오매로 거듭나면
가래 삭이고 구토 갈증 이질 술독까지 풀어주는
고고한 선비의 고고리*는 어디로 가고
암울한 현실 속에서 희망으로 남아
어느새 내 속마음 일깨우는 꿈이어라.

*베버의 법칙 : 독일 심리학자 베버가 발견한 자극과 감정과의 상관 관계.

*고고리 : 과거에 급제한 사람이 홍패를 받을 때에 쓰던 관.

통치, 온몸으로 바치다

통치, 새끼라. 어려서는 민초 감부리로
더 자라서 홍치 보구치 보굴치 부등거리 불등거리
가리 개우치 애우치 어스래기 상민어로
이름이야 붙여진 대로 소금에 절여 말린 수치 암치
백성〔民〕의 이름으로 민어탕 한 그릇이면 일품이라
재올리는 상에 통째로 쪄서 바치다.

부레 부풀려 꾹꾹 꽉꽉 소리내는 짝짓기 철에
은빛 뱃가죽에 수심을 백 미터쯤 안고
제주도까지 겨울 여정을 마치면
우도 초리도까지 왔다가 떠난 수치*에는 민어
합개*의 무텅이 바닥 위에서 봄타는 처녀다.

허균의 '도문대작屠門大爵' 에 천한 어류니
김려의 '우해이어보牛海異魚譜' 에 사람들이 모두 아는 어류는 뺀
정약전의 '자산어보玆山魚譜' 에 흑산 바다에는 드문 물고기라.

보통 사람 좋아하여 붙여진 민民

—민권民權 민본民本 민성民聲 민용民用 민주民主 민정民政 민치民治

보통 사람 싫어하여 붙여진 민民

—민고民膏 민곤民困 민궁民窮 민막民瘼 민욕民辱 민적民賊 민폐民弊

많기도 한 '민民' 자의 민촌民村 민망民望은 오로지 민생고民生苦일 뿐

그 사이 민심民心 한복판에 민어民魚 회치다.

*수치水治 : 진해시 행암동 동쪽 작은 해수욕장이 있는 작은 갯마을.
*합개合浦 : 행암동 갈바위골 동쪽에 있는 작은 포구 합포.

능소화, 하늘을 우습게 보는 꽃

고얀 꽃이로소이다
하늘을 업신여기다니.

하늘과 땅 사이
바다와 당신 그리고 나 사이
처음 사랑이 영글던 그 초원에서
하늘빛이 작은 우주에 충만하여
따사로움이 넘친 행복한 나날

뜨겁도록 태양을 가득 담아
까맣게 타버린 가슴이
한여름을 녹이는 기다림으로
마음속에 앙금으로 달구어진 빛깔
그 태양을 닮아 창가에 물들인 꽃잎이
붉어질까 부끄러워 맑은 황토빛깔 능소화*

별을 따는 하늘에는 구름 떼만 장막을 이루어
오늘밤도 내일밤처럼 얼렁질*로 애타버린
눈물은 진눈깨비 쏟아지는 하늘을 안고 쪼르르륵
은하수를 당겨잡고 지샌 밤하늘은 진주의 바다여라

꿈에서도 지쳐버린 응결이 담쟁이 빨판으로 총초옹총
기어서 오르고 올라 하늘로 다가가다 가다
끝내 멈춰서 앙글방글 바라보는 태양의 꽃 능소화

고고한 자존심을 가슴에 묻고 그 가녀린
한몸으로 지고 마는 보픈 사랑이어라

그 사랑 꽃송이에 그득히 담아 메부수수한
저승에서도 그 하늘을 또 높이 바라보며
다시 이룰 희망을 한껏 보듬고
꿈에나마 뵈왓비 뵈올새라
송이송이 널브러진 그리움이 도져 활짝 웃는
그 하늘 그렇게밖에 할 수 없는 꽃 능소화여!

*능소화凌宵花 : 하늘을 능멸한다는 뜻을 가진 주황색 꽃. 꽃말은 기다림.
*얼렁질 : 실 끝에 돌을 매어 서로 걸어 당겨 실의 강약을 다투는 장난.

때밀이가 되는 하루

부모 속에 든 부처도
자식 속에 든 앙칼도
날은 열린 마음만큼 여려지는 한맛.

어머니 뱃속 때(時)처럼
온탕 물속은 눈을 감게 하고
생각을 가져오는 시간을 주고
못난 일을 반성하는 여유도 준다.

시간이 흐를수록 스며 나온 땀방울
주름진 어머니 이마에 맺힌 이슬처럼
온몸을 감싸며 신선스런 우주공간의
태곳적 쌓아온 티끌 줄줄줄 씻겨간다.

탕 밖의 구석진 모서리 한켠에
맨몸 드러누워 문질러 벗겨내는
속까지 검은 까마귀는 아닐진대
속까지 하아얀 백로를 꿈꾸며
까칠스런 질퍽한 때수건 바닥에 맡긴
알부다Arbuda*에 떨어지기도 늦은

번드레한 세상 티끌로 만들어진 인형人形이라
벗겨내도 내도 마음속 티끌은 그대로 남아
다시 온탕 속에서 어머니 안태때를 그리며
구리(垢離)*하려는 마음을 다잡으며
불리고불리고
벗겨벗겨 본다
이 마음속 속삐(垢)를.

—《작은문학》 40호(2009. 가을 · 겨울호)

*알부다(頞浮陀, Arbuda) : 춥기가 지독한 여덟 지옥의 하나.
*구리(垢離) : 신불神佛에게 발원할 때 목욕하여 심신의 더러움을 떨어버리고 맑게 하는 일.

생일 선물

오늘 아내는 맏사위가 보내온 생일 선물에
잔주름은 지나온 세월의 흔적으로 남고
키 큰 양란 화분 하나에
실낱 같은 웃음은 바다를 삼킨다.

나는 덩달아 가슴만
물레방아로 청산靑山에 살고…

어느 나라에서 온 꽃인지
이 나라 어느 꽃집을 거쳐
진해 여좌동 우리 집에까지 왔지만
향기 얕은 꽃으로도 이쁜 맵시는 그지없다.

무지기 안은 작은 우주요
발꿈치는 원앙의 꽃신으로 날으고
그 꽃이름만큼이나 무트로 축복 축복.

사람마다 중국中國이 조선朝鮮의 중심인 줄 몰라도
조선朝鮮은 반도半島에까지 왔지만
향기 짙은 나라로 찬란한 역사는 그지없다.

아내는 조선朝鮮만큼이나 큰 가슴으로
작은 선물을 마음에 크게 담았다.

서경西京의 노래처럼
즈믄 해를 외오곰 녀신들
믿음이야 그츠리잇가.

—2000. 3. 31(음. 2. 26) 45돐맞이 날밤에

시인하자

원죄를 하나님께서 태초부터 주셨으니
뱀에게 허물이 있어 벗어버릴 수 있고
사람에게 허물이 있어 새로이 될 수 있고
나비는 그 허물을 벗어 하늘을 날 수 있지.

그냥 그냥 시인하면 될 것을
아니라 아니라 하면 아닌 것인지
그래도 아니라고 하면서 하면서
끝내는 시인하고 마는 것은
당신이 해놓은 진실이니까.

시인은 절대로 할 수가 없다면서
어쩔 수 없이 자인하는 까닭도
양심兩心의 한켠에 양심良心이 쌩쌩하고
다른 한켠에 양심養心이 샘솟으며
당신이 아껴온 진실이 있으니까.

그래도 시인할 수밖에 없는 것은
살아온 길 걸어온 그 길 위에
그림자처럼 아린 흔적 남아 있어

내 해온 작고 적은 가벼운 일들
값진 진실을 당신이 지켜 주니까.

시인하자 그냥 시인하자
숨겨온 나 자신을 그대로 시인하자
그때에야 비로소 깨우치리라
힘이 얼마나 불끈 솟아나는지를
자신감이 얼마나 우뚝 솟는지를.

*시인詩人은 시인是認에서 자유로워야 한다.

새벽을 열며

밤하늘에 수놓은 별
은하수 물길 따라
저 하늘 나의 별은
하얀 구름을 헤치고 빛나지.

별이 빛나는 새벽녘에
산 너머 바다 건너
내 가슴에 솟아나는 태양은
붉은 노을을 안고 떠오르지.

하늘과 땅, 구름과 바람 사이
구름에 숨어버린 불모산*은
슬며시 저 산마루에서부터
하얀 새벽을 몰고 내려오지.

새벽은 오늘 하루의 미래
새벽은 이달 첫날의 미래
새벽은 올해 첫달의 미래
새벽은 생애 첫해의 미래
새벽은 당신과 나와 만남의 미래

새벽을 여는 오늘 하루
미래의 모두를 엮는 시작
횃대 닭이 울어 깨우기도 전에
새벽은 열리고 미래는 펼쳐지더라.

문간방 앞에 드러누운 누렁이
하늘을 안고 코고는 고양이
양지바른 담장 앞마당에
얼룩암소 하품 짓는 소리
어미소 찾는 게으른 울음소리.

지구 반대쪽 그 대척점 하늘 위로
고추잠자리 떠 날갯짓하는 소리에
태풍이 놀라 저만치 휘몰아쳐 오며
서성이며 눈알 부라려 길을 찾는데
새벽은 아무에게도 새벽인 줄을 말하지 않는다.

*불모산佛母山 : 경남 진해시와 경계에 있는 창원시의 주산(해발 802m)이다. 본디 불모佛母는 부처의 어머니이며, 부처의 상을 그리는 사람을 일컫는다.

바쁜 세상

아무리 보아도
개미는 할일이 많다
줄지어 가는 행렬을 보면.

보고 또 보아도
벌은 바쁘다
꽃잎에 앉는 둥 떠나는 걸 보면.

굴뚝새 한 마리
동백나무 뿌리에 부딪치며
살짝 날아갔다. 붉은 열매 하나 물고
바쁘다며 날아갔다.
날 쳐다볼 틈도 없나보다.

즈려밟고

꽃눈이 내린 자리에
꽃잎이 드러누운 자리에
살며시 즈려밟고 가시옵소서.

시내에서도
동구 밖에서도
산 모롱이 어디에서까지도
흩날리는 잎들의 몸부림, 그 몸부림.

즈려밟고 가시옵소서
봄 벚꽃 축제 끝나는 일요일 오후에
두 손 꼭 잡고
시리도록 밟고 가시어도
새봄일랑 잊지 마소서.

너테, 발등에 춤추다

연아는
Gold bond girl로 불리지.
두 손끝 모아 뻗으며
집게손가락 끝자락이 만나는 곳에
눈길이 조르르 모이면
시선은 초조히 멈추고
숨죽이는 코끝 실바람이 멈춘다.

연아는
Gold dancing girl로 불리지.
두 발끝 모아 펴며,
피겨 스케이트 날edge 끝이 만나는 곳에
하늘의 눈싸락 쏟아 퍼붓듯
어린아이 얼음톱밥 가루 뿌리듯
열광은 활화산 꽃불로 함성을 자아내며
너테*, 발등에 춤춘다.

연아는
가장 연약한 물의 응결
뽀하얀 그 은반 위에서 날듯이

루프Loop, 악셀Axel, 살코Salchow,
토루프Toe Loop, 러츠Lutz, 플립Flip,
회오리바람으로 휘돌아 감돌고
두 팔은 날개 되어 왼발로 미끄러지듯
샛별을 유혹하는 오른발 끝 하늘에는
천자봉 날던 너새(野雁)도 부러워 날개 접고
코발트 드레스로 날렵히 지치는 소리 소리
날edge의 그 끝에 응시한다.

—2010년 2월 밴쿠버 동계올림픽 우승 장면

*너테 : 얼음 위에 덧얼어 붙은 더께 얼음.
*제48회 군항제 진해문인협회 시화전에서 이 시를 위의 3연을 중심으로 다음과 같이 고쳐 같은 제목으로 출품하였다.

연아는
은반 위의 Gold bond girl
루프Loop, 악셀Axel, 살코Salchow,
토루프Toe Loop, 러츠Lutz, 플립Flip,
회오리바람으로 휘돌아 감돌고
두 팔은 날게 되어 미끄러지는 왼발 날끝에
눈싸락이 하늘에서 쏟아 퍼붓듯
너테, 발등에 춤춘다.
샛별을 유혹하는 오른발 끝 하늘에는
천자봉 날던 너새도 부러워 날개 접고
코발트 드레스로 날렵히 지치는 소리 소리
날edge의 그 끝에 응시한다.

뻐꾹새의 소리마다

늦은 봄이면 씨뿌리기 늦을세라
농부들은 포곡 포곡布穀이란다.

정치하는 사람들은 많이 거둬가야 할 생각에
들리는 소리마다 포곡 포곡逋穀.

그런데 또 어느 엉큼한 사나이가 으슥한 길목에 서서
은은하게 들리는 소리가 버꼬 버꼬 벗고
어느 앙큼한 색시는 나물 소쿠리 옆에 차고
실눈에 선한 소리가 바꼬 바꼬 바꿔.

농번기에 풍물놀이꾼들이 풍년을 기원한다며
한창 흥에 겨워 읊어대다가 버꾸 버꾸 소리만 난다고 우긴다.

언제나 멀리서 원격조종 음성으로 하는 뻐꾸기의 말
"너는 내 새끼야!"
"내가 너 에미야!"

뻐꾹새의 소리 하나도 심성 따라 소리도 뜻도 다 다르니
그 참!

반딧불 효과

어스름 달밤이면 여름 하늘에는
반짝거리며 날아다니는 별들.

날개는 검어도 가장자리는
몸통을 닮아 노랑색
반되〉반디. 커봐야 한 치나 될까.

꽁무니에 붙은 불은 그 불 때문에
뜨거워서 마구 나나보다
불타 죽기 전에 짝을 찾아야지.

노랑! 누구나 좋아하고
노랑! 누구에게나 잘 보이는
노랑의 망령에 압도되는 눈 눈 눈
한때는 단 한 사람만이 즐겼던 노랑 때문일까.

사람들은 그 불빛을 보면서 꿈꾸었지
여름밤 하늘을 안고서
그 나름의 색깔 띤 희망을 갖고서.

나비의 날갯짓이 날씨를 변화시키듯
반딧불의 불빛이 지구를 달군다
그 반딧불로 글공부했다지.

고매꽃

7~8월이면 피는 꽃
몇 개씩 달린 나팔꽃 모양의
작은 붉은색, 연한 붉은색, 흰색, 노란색, 연한 자주색으로
피어나도 이내 꺾어져 버려지는 처량한 꽃이여!

감저甘藷라 하고, 단고구마라고도 하면서도
정작 줄기에서 꽃을 피우면
길조라는 사람들
흉조라는 사람들.

가을에 서리가 내리면
통째로 파헤쳐져 다시 땅밑 구덩이 안에 구속되는 날에는
본디 아열대 열대가 그리워져 꿈을 꾸는데
1년 내내 시들지 않던 시절에서
종자번식이 아닌, 줄기 잘라 번식하는 마디마디마다

심장 모양으로 얕게 갈라진 잎몸 그리고
잎과 잎자루는 아낙네들의 손에 붙잡여
허물어져 반찬나물로 되어버리면
우유보다 하얀 즙은

그 아낙네의 가슴가슴으로 파고들며

고매(交尾) 없어도
영글어가는 덩이뿌리 고매sweet potato와 함께
흑갈색 공 모양의 삭과蒴果로 여문 종자 2~4개마저
이 땅에서는 기억조차 없는 버림받는 메꽃과 다년생 풀이어라.

그래서
꽃으로 피우기조차
그렇게도 내키지 않는 꿈으로라도 남기고 싶은지
들녘 한켠에 길게도 드러누운 물결진 이랑 위에서
존재! 그 존재의 가치를.

7년만의 사랑

어두운 땅속에서 7년을 굼벵이로 지냈다
눈이 어두워 보이지 않으니 나무뿌리 옆에서 비틀며 뒹굴며
나무 수액만 빨아먹고 살았었지.

사랑을 하고 싶어 세상에 나왔다
열댓 번의 탈피를 거치며, 2시간 동안의
또 다른 고통의 탈바꿈(羽化)를 했어도
남은 건 시한부 인생으로 보름뿐이다.

울어라 열풍아 밤이 새도록
녹수도 청산이 그리워 울어예어 갔었지
귀또리 지는 달 새는 밤의 긴 소리 울어예어
사창에 여윈 잠을 살뜰히도 깨우기 전에

'인걸도 이와 같아 가고 아니 오노매라' 던 황진이의 노래처럼
7~8월 여름 한철 밤낮없이, 밤낮없이
참매미, 유지매미, 깽깽매미, 애매미, 털매미, 저녁매미,
쓰르라미, 소요산매미, 세모배매미, 호좀매미,
두눈바기이좀매미, 풀매미, 고려풀매미, ….

이들의 합창을 '암매미들은 들어라, 들어라! 사랑만 하리라!' 고
이 보름 동안의 사랑을 위하여
그 기나긴 7년을 어둠의 세월이 있었노라!고

행복은 기나긴 고통의 결실에서 영광스러울 뿐
그 고난의 세월을 탓하지 말지니.

—《혼맥문학》230호(2009. 11.)

매미의 옷

맑은 날이면 노랫소리 카랑카랑
비 오는 날이면 떫떠브레한 날개 소리.

쌀쌀해지는 온도에 민감하게 반응하며
뱃거죽에 떨림판은
다이어트로 얇아져
더 이상의 소리는 못 내리라.

내일 아침이면 보지 못할까봐
오늘만큼이라도 억세게 억세게
뱃거죽을 두드리며 두드리며
맴매애애애애앰매!

서리라도 내릴라치면
비단 날개 젖고 나면야
그때 나는 죽으리라 죽으리라
매앰매애애애애앰매!

7년을 기다려 7일을 살다가
내내 매매애애애매매!
거리다가 떠나가는
삶이어라!

"저문 강에 삽을 씻고" 달을 보면

흐르지 않는 시간 속에 앉아서
흐르는 강물을 보았을 때에
씻어보내고픈 작은 추억의 조각들을
눈물로 함께 띄웠을 때에
그 강물은 나의 가슴으로 흘러 슬픔이 떠 가겠지요.

"흐르는 것이 물뿐이랴
우리가 저와 같아서
강변에 나가 삽을 씻으며 거기 슬픔도 퍼다 버린다
일이 끝나 저물어 스스로 깊어가는 강을 보며…"

삽을 씻어내는 농부에겐
칼과 창을 씻어 걸어두는 싸울아비의 마음이라면
붓을 씻어 강물에 띄운 편지만큼
원망의 슬픔쯤이야 달랠 수 있지.

저물어가는 것이 저녁뿐이랴
밝아오는 새벽을 맞이하기 위한 전야제일 뿐
그래서 슬픔도 기쁨도

바다 위에 떠 노는 갈매기에게 물어봐야지.

낙엽에게

Ⅰ.

떨어져 뒹구는 낙엽이 생명을 잃었다고
바람 따라 땅 위를 어지럽힌다고
낙엽을 함부로 밟지 마라
떨어진 낙엽인들 나뭇잎이 아니랴!

다가올 봄을 맞으러 그 봄을 맞으러
온몸으로 몸부림치며 야위어가며
잎새 떨군 나무들 서서 바라보고 있지
이 겨울을 옥죄어 남긴 아픈 흔적을.

매미떼의 한철 사랑놀이터도 되어주고
몰래한 뻐꾸기의 슬픈 사랑도 지켜주고
딱따구리의 목탁 치는 소리도 들려주고
지치고 고달픈 나그네 쉼터도 되어주었지.

뿌리에서부터 내핍으로 가을을 다지면
나뭇가지 잎은 오색단풍으로 물들이고
기둥 될 줄기마다 주름을 단단히 엮어
한 해의 나이테로 세월을 계산하지.

Ⅱ.

바람에 불려왔노라
낙엽 함부로 밟지 마라
하얀 겨울 보내려 떨어졌노라.

낙엽 함부로 차지 마라
너는 한잎 단풍으로 떨어져 봤더냐
언제 싱그러운 녹음이 되어봤더냐.

구겨지고 찢어지고 퇴색되었다고
짓궂은 그 발로 밟지 마라
생각없이 걷어차지도 마라
그래도 썩어지면 거름이 될 터
보듬듯이 고아 쓸어 주려무나.

청춘을 노래하는 봄의 새싹도
녹음 짙은 여름 내내 향기로움도
가을 단풍의 그 아름다운 경치도
헌혈로 물들인 희생의 낙엽인 것을.

참꽃, 겨울 나그네 첫사랑을 피우다

탐스런 봄날이면 진달래에 빼앗긴 이름이여!
삼짇날이면 늦을세라 두견새 울기도 전에
춘분부터 잎 없이 활짝 피어 화전花煎으로
끈끈 진득한 액 없어도 진달래로 불린 이름이여!

향기마저 벌들에게나 맡겨진 이름이여!
어미 잃은 넋을 안은 소쩍새의 가슴으로
솜털마저 바람결에 부끄러운 소녀의 입술로
하늘 같은 마음을 열어 다가온 천사 너를 안으리라.

벼랑 끝에서도 발그스레 암술 수술 드러내어
꽃잎사귀 가운데로 흘러든 단심丹心으로 물들여놓고
정녕 존재의 의미를 숨기고 있는 이름이여!

붉은 당신의 꽃잎새에 나의 가슴을 얹어
나를 저울질해 보는 당신의 사랑을 안고
나에게 다가오는 그 붉은 사랑을 봄날에 피우노라!

제2부 력사와 함께 보는 눈

하늘의 부적 천부경天符經

—새로 번역을 해보면서

1의 시작은 1에서 시작하지 않고	〔一始無始一〕
3원元*의 극존〔天地人〕을 나누고	〔析三極〕
다함이 없는 뿌리이다.	〔無盡本〕
하늘 하나를 1로 하고	〔天一一〕
땅 하나를 1로 하고	〔地一一〕
사람 하나를 1로 하여	〔人一一〕
1부터 쌓아가면 10까지 늘어난다.	〔一積十鉅〕

모자람이 없는 3의 배수로 하면	〔無匱化三〕
하늘 둘을 3으로 하고	〔天二三〕
땅 둘을 3으로 하고	〔地二三〕
사람 둘을 3으로 하여	〔人二三〕
큰 3극이 6극*을 만나면	〔大三合六〕
또 7 8 9 까지도 만들어내고	〔生七八九〕
3극을 움직여서 4방에서 이루고	〔運三四成〕
5행行*과 7위緯*에도 두루 미친다.	〔環五七〕

1의 교묘함은 끝이 없으니	〔一妙衍〕
수없이 가고 수없이 와서	〔萬往萬來〕
변화시켜도 바탕은 움직이지 않으며	〔用變無動本〕

본디 마음은 태양을 본받으므로 〔本心本太陽〕
덕 높게 빛나는 사람은 〔昻明人〕
하늘과 땅의 뜻을 하나에 맞추면 〔中天地一〕
1의 끝이 1에서 끝나지 않는다. 〔一終無終一〕

*3원元 : 天地人을 가리킨다. 삼재三才라고도 한다.
*6극極 : 천지와 동서남북의 사방을 가리킨다. 또 6근根 : 眼耳鼻舌身意의 여섯 가지 미혹한 일이 생기는 근원.
*5행行 : 金木水火土를 말한다.
*7위緯 : 日月水火木金土를 말한다.

천년의 사랑

이제는 잊혀진 명물 하나
오만 인상 다 써가며 태연한 척
소설가 구보*도 그토록 아끼던
참으로 우스꽝스런 종로 명물
굵고 둥그런 대모테 안경 너머에
숨겨진 전설의 역사를 잉태하여
아시아 조선을 낳았더라.

창가에 비치는 에머랄드 바다는
은가루 날리는 달빛을 안고
태곳적의 하늘을 목청문 높여 부른다
부른다고 다가올 하늘이었는가
하늘은 그 바다와 하마 손잡고
주몽은 남쪽 바다를 뛰어 건넌다
쪽배마저도 끊어진 나루터에서
막다른 골목길은 숨가쁠 틈도 없다.

나는 태백산 우발수優渤水의 정기를 받은
천손 해모수解慕漱와 류화柳花의 아들이니라
하늘이시여! 길을 내소서!

엄리수奄利水에는 수많은 거북들이
마침내 어깨 내밀어 징검다리 놓았어라.

태초부터 있어온 태어나는 순간부터
바다 빛을 따라 나아가고 싶어싶어
두 달을 모래 속에서 숨어숨어 지낸
한여름의 알들이 바스스 깨어나면
세모난 매부리 주둥이에
우람한 타이탄 탱크처럼
천년을 하루같이 누비고 누빈
열대바다거북 그 대모玳瑁*의 탐라에
류리 · 마노 · 매괴 · 붉은진주 · 산호 · 차거 · 호박
그 칠보로 꾸며 더 아름다운 벽랑국 공주
사랑 찾아 머나먼 만리의 길
숨막히는 뜨거운 사막을 식히며 식히며
맷방석처럼 둥글넓적한 등껍질은

테 두른 얼굴에 브나로드*를 향한 꿈도
천년의 바다를 지켜오며
세상의 어두운 눈을 밝혀주는 돋보기여라.

—《작은문학》40호(2009. 가을 · 겨울호)

*1934년 8월 1일에 〈소설가 구보씨의 일일〉에 나온 주인공 박태원.

*대모玳瑁 : Hawksbill Turtle. 학명 Eretmochelys imbricata Linnaeus. 큰 것은 몸길이 1.5m까지도 자라며, 무게 125kg. 인도양 · 태평양 열대바다에 서식함.

*브나로드Vnarod : 1870년대 일어났던 러시아의 농민대중을 상대로 한 사회주의 계몽운동이며, 1930년대 한반도에도 유행했다.

어느 선비의 탐라 체험기

탐라를 두고 세살 아이도 삼다도라
말이 나면 제주에 보내야 한단다
사람은 서울로 서울로.

그 탐라에서 태어난 선비 장한철
첫 벼슬길 떠나자 폭풍에 떠밀려
일엽편주 노래처럼 표류되었대.

황귤로 굶주린 배를 달래고
뒤집어진 하늘을 원망도 해내며
겨우 목숨을 건졌으니
다행인 건 가족만의 행운이랴
온 나라가 그 '표해록' 에 정신 빠졌지.

탐라의 한라산은 삼면이 바다이고
오직 북쪽으로만 조선으로 통한다니
이 말씀 탐라가 반도이렷다!

아! 땅 없다며 넓고도 넓은 제주는
대모*와 차거*는 필요량만큼만 거두라네.
그 토산물로 조선을 칠보단장 하리라고.

*대모玳瑁 : 열대 바다거북. 안경테 관대에 재료로 쓰임.
*차거〔車渠, 硨磲〕: 인도양 남태평양 열대바다에 나는 큰 조개. 대왕조개.

대왕이 되기까지

나는 목대잡이 대왕大王이로소이다.
안태본安胎本에서부터 대왕大王의 씨
죽고 나서는 대왕大王의 보배
화석이 되어서도 대왕大王이로소이다.

은하수를 끌어당겨 솟은 한라산
오로지 북쪽으로만 조선과 통하는
제주의 모래바다가 끝없이 펼쳐진 탐라에
칠보로 단장한 벽랑국碧浪國 공주들이 찾아와
멋질린 님이나마 맵시 고운 고부량高夫梁 나라여라
전설이 다가와 꿈을 낳고 희망을 쌓은.

반도의 남쪽을 활짝 열어 젖혀 드넓은
오만Oman에서 아든Aden까지 아라비아 바다는
천리도 모자란 뱃길을 열고
그 바다 앞에다 소코틀* 섬 이름 주어
우람한 대왕大王이 지키는 태평스런 인도양의
대왕조개Tridacna gigas는 홍진주의 집일레라.

수레바퀴를 닮은 열대 바다밑 그 차거〔車渠, 硨磲〕는
페르샤의 노련한 장사치가 알아보듯*
열두 길 물 아래서 오색 산호초와 벗삼아
왜가리 여울목 넘어다보듯
우러른 아가리를 벌리면 천하라도 삼킬 듯한데
집채로 넘노는 고래처럼 겨우겨우
플랑크톤 얼마쯤이면 그저그만이대
보면 꼭 시답잖은 여우가 늙은 곰을 노리듯.

—《작은문학》 40호(2009. 가을 · 겨울호)

*Socotra : 섬이름. 본디 영국 상선의 이름. 한반도 제주도 남쪽 이어도 · 파랑도(북위 32도, 동경 125도)와 예멘의 남쪽, 소말리아의 동쪽에 같은 이름의 섬이 있음.

*《계곡선생집溪谷先生集》 권26 칠언고시 再贈用前韻(앞의 운을 써서 다시 드린 시)에 나온 시구. "波斯老賈識硨磲"

제주에서 나는 말

말탄 늠*도 끄떡
소탄 늠도 끄떡
끄으떡 끄으떡

할아버지 목말하며 신난 듯
부르는 그 소리 장단 속에는
비비꼬는 왼 새끼줄 갈래로
몰씬 새어나온 휘파람
'끄떡끄떡' 함께 부르면
조랑말도 까딱까딱
화산암 자갈도 까딱까딱

사람 나면 서울로 서울로
말이 나면 제주로 제주로
그곳에라야 견문 넓혀 인물人物 된다는데
준마는 눈 감으면 보일런지
조랑말만 제주도를 메우니
이게 명마名馬 인가 한마汗馬 인가
다들 욕심내 만든게 조랑말이었나.

응상백凝霜白 탄 태조 리성계
위화도회군에서 발빠른 위풍으로
성공한 쿠데타로 그 이름난
하아얀 서릿발 맺혀 더 날렵한 그 부루말.

아라비아〔大食國〕 도붓장수가 바친 토산물*
세계에 알려준 '코리아'란 이름
백 명씩이나 와서 받아간 황금과 비단
떼거리 장사하는 아라비아와 고려 사이.

제주의 말종자가 페르가나〔大宛〕 아라비아
황금빛 부루말 악할테케*는 사막 천릿길을
한 모금 물 없어도 사흘 만에 건넌다니
제주의 천리마는 조선 건국의 발품이었어라.

*늠 : 놈. 그 소리는 아래위 어금니를 맞대어 물고 모진 소리냄.
*1024년 9월과 1025년 9월과 1040년 11월에 각각 대식국大食國 도붓장수 100명이 와서 토산물을 바쳤다. 《고려사절요》 권3
*악할테케Akhal-teke : 아할테케/아칼테케라는 아라비아 준마. 1935년에 55필로 사막 카라쿰 481㎞를 물 한 모금 없이 사흘 만에 건넜다고 함.

조랑망아지의 꿈

작달막한 몸집이라
무시로 얕잡히고
푸석스러워 고운 털빛
디룽디룽 짐바리에
쪼잘쪼잘 걷는 본새
거쿨진 부루말 앞에 서면
한없이 작아지는 나지라기
과수果樹 아래나 지난다고 과하마果下馬랬지.

울릉도 큰 복숭아 따고
배만 한 알밤 따고
밤만 한 포도 따고
송이송이 포도알처럼
알알이 사랑 엮어 행복도 따고
짐꾼 노릇에는 이골이 났지
짱짱한 탐라* 조랑말.

사카* 제자 카샤파(Kasyapa, 迦葉)의 고향 땅 지킨
이란 북부의 석자 키* 카스피 조랑말
아라비아 준마의 나라 마한
위구르로 돌아온 회회回回들의 백제
조랑말 등에 타고 만릿길 달려온
마하맏* 선화공주 사랑의 전설 싣고
작열하는 태양열을 가슴으로 삼키며
후끈 달아오는 지평선 너머로 펼친
사막의 영혼 담아 익달한 몽당 다리
사라센 제국의 그 작은 일꾼
아랍문화의 터전을 일구었노라.

옥야만리의 기름진 나라 우즈(沃沮)
광란의 19세기 들어 물길 끊겨
몸도 작아져버린 꿈을 키우며
생명의 끈 놓을 수 없어 없어
짓이겨진 사막한 그 사막 길 위에
지금은 시리아 · 소아시아 · 그리스의 땅
페르시아 말 룸rum*으로 룸으로
별들이 밤길 열어주는 실크로드는

조선의 중앙으로 가는 조공朝貢 길이어라.

—《작은문학》 40호(2009. 가을 · 겨울호)

*탐라 : 제주.
*사카 : 석가釋迦.
*석자 키 : 카스피 조랑말은 키 11hh(=111.76㎝)이며, 고구려 · 백제의 과하마는 高三尺이라 하여 영조척(31.24㎝)으로 보아도 93.72㎝이다.
*마하맏 : 마함마드 · 무함마드 · 모하멧. 마동薯童을 말함.
*페르시아어 룸rum〔re·vav·min〕 : 즉 Rome〔로마〕는 시리아 · 터키 · 비잔틴의 소아시아와 그리스 지역을 뜻한다.

거짓 양성 반응의 조선

한반도가 조선!
한때 대륙의 동쪽 일부를 호령했고
군자국 · 대인국 · 해동성국 · 동이의 나라
숭고한 그 찬란함이여!

이름만 들어도 우쭐거려지는 어깨춤에
반만년을 줄곧 이어온 전통을 안고
태고부터 숨김없이 미래로 달려간다
언제나 늘 그랬던 것처럼.

정해진 방향으로만 흐르던 력사의 물꼬는
1990년대부터 세계문화 교류의 트렌드 속에
지난 20 성상의 어느 날 드디어 나타난
한 명의名醫는 파천황의 진단을 했네.

VDRL 검사에서 양성(+)이고
TPHA 검사에서 음성(−)이면
거짓 양성〔僞陽性〕 반응이고
FTA−ABS 검사에서 음성(−)이면
맹세코 말하되 1.z112가 아니다.

VDRL : Visual Display Real Lie
실증實證이 실증失證된 허상虛像이요
진짜 같은 거짓을 눈으로 보이기 위한 전시이며
TPHA : True Positive History Analysis
실증實證이 진증眞證된 진상眞相이요
진짜로 의문의 여지가 없는 력사분석이며
FTA-ABS : False and True Assay Absolutely
력사적 사실의 진위 분석의 확진 검정이라 보자.

한때 아나니아Ananias와 삽비라Sapphira가 서로 짜고서
그들 재산 일부를 빼돌리고 나머지만을 내놓은 건
끝내는 사람들을 속인 게 아니라, 하느님을 속인 것이라
그 자리에서 거꾸러져서 죽지 않았던가!*

고급의 자존심과 전통을 꽃피우며 익혀온 문화 속에
VDRL 양성 반응은 한반도가 중심된 조선의 력사라
TPHA 음성 반응, FTA-ABS 음성 반응의 확진 검사는
그야말로 순수 무구한 하나의 반도일 뿐
진정 중심이 되는 조선은 아니어라.

이제 한반도 태생의 사람으로서 진실을 알고 보면
국제질병 1.z112 암호의 충격과 고민과 불안이
정체성 혼란과 가치관의 혼돈으로 빠져들지만
백합보다 순수한 눈꽃을 가진 결과라는 판정에
그저 안도할 수밖에 없는 진실의 한 조각이라
한반도가 조선이라는 그 VDRL 양성 반응은
진정 일시적 거짓 반응일 뿐이었느니.

*사도행전 5 : 1~10의 사건 내용.

신이시여! 백성이여!

태초에 하늘이 있고 땅이 있어
우리의 삶의 터전은 복되었느니
소리 따라 말씀이 있었노라.

하늘을 사랑함이여!
임금을 부르노라
'어라하於羅瑕' 라고.

땅을 사랑함이여!
아내 · 왕비를 부르노라
'어륙於陸' 이라고.

백제어에 어라하於羅瑕 · 어륙於陸이
왕王과 왕비王妃라는데
그 말 뿌리는 하늘에 닿았어라.

물이 있어 배가 있듯이
백성이 있어 임금이 있음이여
그 땅의 백성들이 늘 그리 부른 소릴러라.

elaha〔얼라하〕 · elahe〔얼라헤〕라 외쳐보니
밤마다 별 헤는 Parthia 왕자의 공작새 날아들고
노련한 장사치의 낙타 등에서 노랫가락 울려오네.

백성을 사랑함이여!
큰지*는 khanj라 큰 제후라고.
신지*는 sinj라 보통 제후라고
이젠 무거운 마음 내려놓고
쌓인 미움 던져 놓고
신이시여! 반듯한
온 나라〔百〕를 구하소서〔濟〕!

*큰지 : 한역으로 鞬吉支/ 儉側/ 險側/ 遣支로도 쓴다. 페르시아어로 Khanj이다.
*신지 : 한역으로 臣支/ 秦支/ 蹴支로도 쓴다. 페르시아어로 Sinkh/ Sinj이다.

위 증즐가

가시리 가시리잇고 나는
바리고 가시리잇고 나는
위 증즐가* 태평성대.

가시렵니까 날 버리고요
가시겠나이까 날 두고요
꼭 붙잡아 두고 싶지만은
가자마자 어서 돌아오소서.

그 배가 지켜줄까요? 이 태평성대에.

*위 : alef · vav · ye 〉 uvy 〔uy〕; alefvav 〉 u 〔u〕. (그. 그녀. 그의. 그것. 저것)의 옛말
*증 : jim · ye · gaf 〉 jng 〔jong〕. 배. 선박. (지식의) 보고. 전쟁. 전투. 싸움.
*즐 : za · lam 〉 zl 〔zell〕. 보호. 비호.
*가 : gaf · re 〉 gr 〔gar〕. 만약. …이라면. …하는 사람.

하늘을 닮은 버들꽃〔柳花〕

—고주몽 어머니의 사랑 이야기

Ⅰ.

천제의 아들 해모수는 불가르〔不與, 夫餘〕에 도읍했대.
태양을 하느님으로 숭상하며 지내온
그 자손 해부루는 명산대천의 천지신명에 기도하여
대를 이을 아들 얻기를 간절히 바랐었대.
어느날 쿤 못〔鯤淵〕* 가에서 말이 멈춰 서서 흐느끼니
몇 명이 그 돌집〔石室〕 문을 여니 황금빛이 서리고
두꺼비 같은 아이 하나 얻었대.

하늘이 내려준 선물 쿤모〔金蛙/ 昆莫〕*라 부르며
기쁘게 거두어 길러 태자로 삼았었대.
재상 아란불의 현몽에 하느님의 도읍터는
온갖 곡식이 잘 자라는 기름진 땅
카스피언 그 가섭원加葉原 땅이라
옥야만리의 그 땅에다 옮겼대요.

해부루는 해모수처럼 하늘로 떠나고
쿤모가 뒤를 이어 임금이 되었대요.
쿤모는 순수하다 태백산 남쪽 우발수에서
하늘을 닮은 여자 류화柳花를 만났어요.

Ⅱ.

저는 하백河伯의 딸 류화예요.
우발수 가에서 동생과 함께 놀았어요.
천제의 아들 해모수의 이름으로
우즈(沃沮) 임금 불리지弗離支가
저를 유혹하여 고마메(熊心山) 아래
야루강鴨淥江 가의 집에서 사랑을 나누었어요.
그러고는 이렇게 오랫동안 돌아오지 않았어요.
그를 찾아가던 참이예요, 그를 찾아주세요.
저의 어버이는 아직 중매도 없이 먼저
그와 사랑에 빠진 것을 꾸짖었어요.
화를 내며 저를 아예 우발수에 살게 했어요.
무심한 그를 저는 사랑하고 있어요, 태양처럼.

Ⅲ.

쿤모는 류화를 데려와 궁궐에서 살게 했어요.
사랑을 느낀 쿤모는 류화를 찾아오곤 했지요.
햇빛을 비추며 온몸을 따스하게 감싸 주었어요.
그 뒤로 입덧이 있어 세상을 삼킬 것 같았어요.
열 달을 지내어 닷되들이 알 하나 낳았대요.

쿤모는 황후가 있고 아들 일곱이 있어
불씨를 없애려 음모를 꾸몄어요.
그 알을 두들겨도 깨뜨려지지 않고
그 알을 돼지에게 던져주기도
그 알을 개에게 던져주기도 하고
아예 길바닥에 내버렸었대요. 그러나
지나가던 짐승들이 보호해주었대요.
날아가던 새들도 날개깃으로 덮어주었대요.

낙태 영아 유기 살해까지 서슴지 않던
그 못된 모략은 모두 실패한 거예요. 쿤모는
끝내 어쩔 수 없어 그 어미 류화에게
고개를 흔들며 슬며시 돌려주었어요.
류화는 쓰리고 아픈 가슴을 달래면서
보드라운 천으로 싸서 따뜻이 해두었어요.
그 알에서 한 사내가 껍질을 깨고 나왔어요.*

Ⅳ.

하늘의 뜻을 안고 태양을 안고서
끝내 알을 깨고 나온 그 사나이는
골격이 우람하고 영특하였지요, 누구보다도.

큰모는 맏아들 다리우스(帶素) 보다도
재능 있는 그 아이를 더 아꼈대요.
태양을 섬기는 불의 나라
불가르 시조 해모수의 적통자로서
활 잘 쏘는 주몽 뒷날 동명성왕이요
태양의 씨를 받은 류화는 하늘을 닮아
고려Corea의 국모 태후 되었대요.

지붕은 하늘을 닮고 태양을
닮은 둥근 모양을 만들고요,
게르도 모스크도 그렇듯이
하얀 옷으로 태양의 순수함을 입고,
태양의 둥근 모양의 모자를
머리에 얹어 쓰고 조상을 기린답니다.
늘 그렇게 전해온 풍습으로요.

*쿤못〔鯤淵〕: 곤鯤은 〔곤〕〔쿤〕으로 소리내며, 〔쿤 · Kyн〕은 중앙아시아 烏孫(오손 · 위슨 · Yй ciн) 지역 말로 "해"의 뜻이 있다. 곤연鯤淵은 《장자 · 소요 편》의 곤지鯤池와 같으며, 천지天池와 같다.

*쿤모〔金蛙〕: 금와金蛙는 〔고마〕라고도 소리 내기도 하고, 〔쿤모〕와도 비슷하다. 〔쿤〕은 카자흐 말로 "해"의 뜻이 있다. 해모수 · 해부루의 "해"는 "히"이며 "태양"이다. 부여〔북부여 · 동부여〕는 태양숭배의 나라였다. 이와 비슷한 소리로 昆莫(곤막 · 쿤모)을 카자흐 지방에서는 쿤모기(Kyн м о б и)로서 본명 옐자우(E л ж а у · 獵驕靡)라는 전설이 있으며, 이 金蛙를 박용숙의 《지중해 문명과 단군조선》에서는 고대 페르시아의 캄비세스Cambyses라 하는데, 'cam' 이 산스크리트의 '황금' 이다. 역시 "해"와 "쿤〔金/ 昆〕"은 같은 뜻의 다른 소리일 따름이다. 金蛙가 해부루의 적자가 아닌 때문에 달리 붙여진 것이라 본다. 고주몽의 "高"도 "하늘〔天體〕", 즉 "해"를 뜻한다. 또 《사기》(제63 대완렬전)에 "오손왕은 이름을 쿤모〔昆莫〕라 하며, 쿤모의 아비는 흉노의 서쪽 변방의 작은 나라의 임금이었는데, 흉노가 쳐서 그 아비를 죽였다. 쿤모는 세상에 태어나자 들에 버려졌는데, 까마귀가 고기를 물고 날아와서 먹여주고, 늑대가 와서 젖을 먹여주었다고 한다. 그래서 선우가 이를 기이하게 생각하여 신인으로 여겨 거두어 길렀다. 장년이 된 뒤에는 군사를 주었더니, 여러 번 군공을 세웠다. 그래서 선우는 그 아비의 백성을 돌려주어 쿤모로 하여금 오랫동안 서쪽 변방을 지키게 하였다.

*《환단고기》 〈북부여기〉에는 고주몽이 단군 고두막 30년 임인 단기 2225, B.C. 79년 5월 5일에 태어났다고 함.

숨소리 기억하던 그대여

—고씨 동명왕 주몽의 외침

신선의 후손 송양松讓
비류수 가에 일찍이 나라 세워
비류국 임금이 되었네

졸본부여 천제의 아들 주몽
비류수 가에 내려와 지도자 송양에게
왕위와 군신을 활쏘기로 승부 내고자
우러러 천지신명에 기도하니
흰 사슴의 울음소리에 하늘이 감동하여
이레 동안 장마져 비류수가 넘치며
그 도읍 송양 땅이 떠내려가네.

말하지 말라, 갈대는 약하다고.
꽁꽁 엮어 작은 배 만들어주자
천하를 실을 수 있는 그릇이 되네.
떠내려가는 백성들이 새끼줄 매어 타고 오니
고씨의 나라 코리아〔高麗〕 동명성왕이 되었고
마침내 비류국왕 송양을 다물* 후로 삼았도다.

—《한국현대시문학》 제7호(2010. 가을)

*다물多勿 : 〔도물〕 〔되물〕로도 읽으며, 옛 땅을 회복하다〔復舊土〕는 뜻이다.

소서노의 선택

형이 죽으면
아우가 형수를 아내로 삼는
풍습은 진정 모계사회였느니
부여 풍속에서는.

우태가 죽자 주몽과 함께 산
소서노의 선택은
애틋한 사랑인가?
자식 보호를 위한 몸부림인가?

강직한 연타발*의 피를 이은
비류와 온조 형제의 미래는
무너질 수 있는 위기에서
낯선 선택의 길목이 새로워라.

가거라!
가서 세워라! 너희의 나라를.
신선의 핏줄 받은 땅 작지 않으니
바로 너희가 우두머리 될지라
따뜻한 남쪽 어디로 간들
우애만큼 백성을 사랑할지니.

—《한국현대시문학》 제7호(2010. 가을)

* 연타발延陀勃 : 졸본 사람.

류리*의 새로운 도전

부여 국왕의 둘째 딸 례씨禮氏 부인을 떠나며
미래의 아들에게 일곱 고개 일곱 골짜기에 있는
돌 위의 소나무 아래 비밀을* 일러라던 주몽.

자신의 뿌리 진실 하나에 비밀을 밝히겠다는 류리
드디어 자기 집 주춧돌 기둥 밑의 단검으로
그 비밀 찾아내고 비류수로 떠났네
부왕 주몽에게 진실 하나 따지겠노라.

내 아들을 이 집에서 불러내었듯이*
못난 아들의 자아반성을 겪게 하고
진정 도전하는 마음을 심어주었네
천손의 후예가 어떤 일을 해야 하는지를.

*류리 : 주몽의 맏아들. 고구려 제2대 왕. 琉璃, 類利, 儒留라고도 함. 〈황조가黃鳥歌〉를 지었다고 함.

*일곱 고개 일곱 골짜기 비밀 : 《삼국사절요》 권1 "遺物藏在七嶺七谷 石上松下"

*내 아들을 … 불러내었다 : 마태복음 2장 15절 "I called my Son out of Egypt."

송양씨 비류왕의 선택

씨 다르고 배 다른 류리* 형에게는
마침내 태자로서 거칠 것 없으니
우애의 큰 그릇 만들 기회를 주었네.

비류는 떠났노라, 비류수 가에로.
패수를 건너고, 대수를 건너고
미추홀에 천년을 살 듯이 살았더라.

다물후가 된 송양씨 비류의 나라
땅은 낮고도 습하였고
물은 소금만큼 짜디짜
사람 살기엔 힘겨운 터전이라
백성들은 흩어져 주몽에게로 떠났네.

선택은 자유일진대
겪어야 할 고통은 선택의 결과
누려야 할 행복도 선택의 결과
백성을 위한 진정한 사랑은
나의 고통에서 인내해야 할 비움일러라.

*류리(類利 · 琉璃 · 孺留 : 閭諧 · 閭達) : 고구려 2대 류리왕琉璃王.

꾀꼬리는 쌍쌍이 날고

오이烏伊 · 마리摩離 · 협보陜父와 손잡고
주몽은 남쪽 길로 떠나 엄사수를 건너고
모둔곡에서 만난 기특한 인재들
극재사克再思 · 중실무골仲室武骨 · 소실묵거少室默居라.

졸본천에서 떠나와 비류수 가에 살다가
비류국왕 송양을 만나 통일 이룬 주몽
광야를 누비며 뒤를 이은 류리왕琉璃王
다물후 송양의 딸을 왕비로 삼아
왕실의 내부를 돈독히도 하였네.

왕비 송씨는 시집간 지 1년 만에 세상 떠났네
위구르인〔鶻川人〕* 화희禾姬에게는 동쪽 량곡〔凉谷〕
중국 사람〔漢人〕 치희雉姬에게는 서쪽 량곡에
궁실을 지어주어 따로 살게 했지만,
화희의 시샘에 빠진 님을 실망하여 떠났네, 치희는.

치희를 애타게 찾는 류리*
유리알처럼 깨진 사랑을 어찌하리
비류수 흐르는 언덕의 하늘에
훨훨 나는 저 꾀꼬리는
쌍쌍이 잘도 놀건마는
나는야 외로운 신세
누구와 함께 돌아갈꼬!*

*골천鶻川 : 골鶻은 회골回鶻, 즉 위구르Uigur이다.
*류리(琉璃 · 類利 · 孺留 : 閭諧 · 閭達): 고구려 2대 류리왕琉璃王.
*훨훨 … 돌아갈꼬 : 〈황조가黃鳥歌〉의 '黃鳥翩翩 雌雄相依 念我之獨 誰其與歸.'

부여씨 백제 온조왕

떠남도 때가 있듯 온조는
어머니 소서노의 말대로
꿈을 안고 형 비류가 떠났듯이
오간烏干 · 마리馬黎 등 열 명과
마침내 남쪽으로 함께 떠났네.

한산 부르메*에 올라보면
북쪽에는 한수漢水 너머에 말갈*
동쪽에는 높은 산 너머에 사라*
남쪽에는 기름진 벌판
서쪽에는 큰 바다 펼쳐져
천연의 험고한 요새일러라.

그 위례성에 도읍하고
열 명의 신하로써 나랏일을 도맡아
천년을 꿈꾸며 십제十濟라 하니
비류국 백성이 다 따라와
부여씨 백제가 되었네.

*한산 부르메 : 漢山 負兒嶽.
*말갈靺鞨 : 물길勿吉/머저르 · 마갸르Magyar.
*사라斯羅 : 사로斯盧/ 신라新羅.

마의태자, 무타나비 되다

Ⅰ.

아! 빛나는 전통의 신라 천년의 끝에
사방의 땅들은 모두 남의 소유가 되고
나라는 쇠잔하여 고립되어 외로워지고
지킬 안보마저 기둥은 다 허물어져가다.

곡수류상曲水流觴의 즐거웠던 포석정 잔치
세월 좋다 노래하던 카불*에 견훤이 덮쳐오니
높으신 공경대부들 사방으로 다 흩어지고
잡혀가 노비 되고 왕비들마저 몸 빼앗기다.

귀족들의 왕위쟁탈전은 격화되어가고
신검은 아비 견훤을 금산사에 가두고
아우 금강을 살해하며 자칭 대왕이라
마침내 견훤은 바닷길을 거쳐 고려에 가다.

지방의 호족들은 남몰래 키운 세력으로
중앙에 큰소리로 대항하며 지방분권 요구하고.
중앙정부의 통제력은 가뭄의 잔디처럼 약화되어
농민은 수탈강화에 저항이 들불처럼 거세지다.

Ⅱ.

짐이 보아하니 이 모든 형편은 통곡 자체요
외롭고 위태로움이 이보다 더할 수 없고
더 이상 강해질 수도 약해질 수도 없는데
죄없는 백성을 참혹히 죽게 할 수는 없노라.

승냥이 같고 늑대 같고 표범 같은 견훤
함께 눈물 흘릴 줄 아는 인정 많은 왕건
늘 위로하며 도와주는 덕망 있는 지도자
큰통의 리더십을 못 키운 경애왕 자결하다.

견훤이 세운 경순왕* 김부의 마지막 그 선택
새 왕조 고려 왕건에 항복한다는 말에
거친 삼베옷 입은 그 맏아들 마의태자*
천년 신라를 하루아침에 버리다니요!

나라의 존망은 반드시 천명에 달려 있고
충신 의사 민심을 모아 죽기로 싸워 지키다
힘이 다해 어쩔 수 없으면 그때 그만둘지언정
사지에서 살길을 구하면 할 수 있는 법이지요.

신라를 삼키는 왕궁의 통곡소리 소리
군사를 일으켜 고려와 싸울 건가?
중이 되어 산골에서 여생을 보낼 건가?
결연히 반대하며 사직을 위해 결심하노라.

Ⅲ.

통곡의 의미는 정녕 단념과 무력無力뿐이라
화려 금성에 입던 비단옷 밤길을 수놓으며
금강산 개골산으로 간 못된 아비 되어
갈근초근목피의 여생을 마친 시인이었느니.

보리수 아래 선각자 되어 불국정토 만들면
모든 아픔은 사라지고 백성은 편안할까
싸울아비 되어 견훤 왕건 없애면 백성이 따를까
모두 해골로 쌓여진 킬링필드의 개골산 되랴.

남쪽에 천길 되는 절벽의 봉우리 인제군 한계산寒溪山
그 아래 맑은 샘물 부딪쳐 큼직한 못에 노는 미르도
나는 새도 건너지 못할 기괴한 천혜의 요충지라
룡문사 장안사 들르자 대륜법사의 만류도 많았지.

하늘에 해가 둘일 수 없고
땅에는 두 임금이 없는 법

백성이 감당할 수 있는 선택
은 하나.

Ⅳ.
시인은 말한다, 진실을.
항쟁을 단념하고 따라온 신하와 군사들을
해산하고서도 더욱 참을 수 없는 선택
은 하나.

울분의 분노는 뜨거운 사막을 녹일 듯
부왕의 명령에 끝내 거역하고 반대하며
따르는 무리를 이끌고 펼친 신라 회복 운동
결코 자취를 감출 수 없음이여! 마의태자.

충성을 으뜸으로 삼는 사군이충事君以忠의 나라에
싸움에서 물러날 줄 모르는 임전무퇴臨戰無退의 기상
살생을 가려서 하는 살생유택殺生有擇의 생명존중
효도하고 신뢰하는 인간관계의 신라를 복원할 꿈 꾸며.

귀족으로 남은 저항의 유랑 시인 무타나비
개골산으로 간 마의태자의 슬픈 마음 읽어보노라.
왕실에 복종하지 않았던 외로운 외침이
허공에 떠돌다 서로 만나 나누는 대화

천년사직 지킬 수 없었던 한 많음에 지친 울음이여!

Ⅴ.

무타나비*, 거짓 예언의 시인으로 이름난
선지자가 되려는 사람이라고도 하는
자칭 예언자의 폭동 행위에서 얻은 별명이여!
그토록 아랍을 사랑한 풍자시인 혁명가여라.

늘 과격한 정치 종교 운동을 한다고 빌미 잡혀
덜미 씌워져 감옥에 갇히기 일쑤였다, 왜.
사라센의 시리아 이라크 이집트 궁정을 드나들며
강력하고도 깊은 암유와 은유로써 고발하다, 왜.

카스피해 흑해 지중해 남쪽의 넓디넓은 대지까지 펼쳐진
사만왕조 사파리왕조 살라리왕조 비잔틴왕조 함단왕조
부와이왕조 파티마왕조들의 사라센 제국이여! 어디로.
함단왕조를 찬양한 노래도 박달산의 번영을 위함이었지.

비범한 기억력으로 시를 짓는 재주 있어
아랍민족의 우월성에 강한 자부심으로
호족들을 위한 카시다qasidah*를 지어주며
파란 많은 유랑의 세월을 거듭 보냈지.

Ⅵ.

사막은 나를 잘 알고 있다.
야음과 말등에 탄 군인들, 전투의 승리와 살륙, 종이와 글월도.*
내가 세상의 중심이고
아랍 세계가 태양임을 외치던 사나이
왕실에 무조건적 충성을 하지 않다 끝내
티그리스 강변을 여행하다 도둑떼에게 살해되다.

당신이 나으면 영광과 명예가 함께 회복하고
당신의 고통은 적들에게 옮겨지리라.
태양에서 떠났던 광명은 마치
몸속에서 메스꺼운 듯이 다시 돌아왔다.
혈통으로는 세상에 가장 우수한 아랍인이니
이방인들도 아랍의 착한 마음과 함께하리라.*

나의 시는 너무나 강력해서 장님까지 읽을 수 있고,
나의 말은 너무나 의미가 깊어 귀머거리까지 들을 수 있다는
페르시아 시인이 탄 말이나 낙타, 사막의 동물들,
사막에서 일어나는 사건의 장면들이 담긴 송시頌詩 조각들
바람에 날려 아시아의 맨 끝 해 뜨는 나라에 들르다
속삭여주는 이야기에 아라비안나이트 돌아오다.

Ⅶ.

키탄(契丹, 거란)이 바친 낙타에* 몸을 싣고
신라의 북쪽 땅 거대한 사막을 지나며
죽음이 따라오는 길바닥에서 회상은 차라리 사치라
눈물마저 흐를 여유조차 없는 마음을 열어
휘날려 숨길을 가로막는 모래가루로 달랜다.

봄날 사방엔 누런 안개 자욱해 보이질 않고
회오리바람 따라 흙비마저 쏟아져 내려
굶주림에 지친 백성 떼지어 절동浙東까지 구걸 가고
서남쪽 도적은 벌떼처럼 일어나 지옥 같은 세상이라.
지진마저 하늘이 돕지 않음이여! 나라의 운수 다함이런가.

영광 누린 왕건도 어차피 한 세상을 마치며
덧없는 인생이라 옛날부터 있어온 말 되뇌어도
거침없이 가는 고려의 앞길을 막을 수 없음도
한번 지나간 세월을 결코 되돌릴 수 없음이여!
한 많은 왕족의 몸부림이 서해 지중해로 잦아들다.

가고 아니 오는 영광도 없지는 않겠지만
번화했던 거리에 널브러진 만리 사막이 놀고
사막메뚜기 누리 떼 입에 넣는 벌판 만리 위에
포도 안식향 자단향 백단향 흑단향 야자수 아래 악어
실눈같이 바라본들 민심마저 되돌릴 수 없어라.

VIII.

개골산에서 여생을 마감하려던 마의태자
신라 재건의 염원을 담아 담아 기도하며
덕주사에서 일생을 한으로 마친 덕주공주
신라 최후의 지사 남매의 분노 서리 서리
좁은 산골에서 뛰쳐나온 넓은 세상을 보라!

신라는 경주로 이름이 바뀌어 작아 작아지고
그 식읍에서 정승공正承公이 된 아비의 눈엣가시
마의태자는 하나 둘 지지하는 사람들 늘자
무리 지어 신라 재건 회복 운동에 운명처럼 나서며
아득히 멀고 넓은 강주康州 무주武州 라주羅州의 백제 땅 걷다.

나모 라뜨나 뜨라야야namo ratnatrāyaya
따르겠나이다, 삼보께.
나막 알야바로기제 새바라야namah Aryāvalokitesvaraya
따르리라, 세상을 내려다보는 아리안의 지배자님께요.
바라하목카 싱하목카야varahamukha simhamukhaya
멧돼지얼굴과 사자얼굴을 한 님을 위해서요.
성스러운 관세음보살님이시여! 알야바로기제 새바라야.

온몸에 가득 메워진 탐진치를 끊으려고
마음속의 무게를 비워보려 기도하는 마음
한 떨기 부용 만다라화 잎새 끝의 이슬처럼
떨어지고야 말 목숨일진대 버릴 수 없음이여!
한번쯤 저승에서 북지왕 류심劉諶*을 만나나볼까.

Ⅸ.
이젠 어리석다 한탄하는 말도 더 어리석기에
국가지도자가 국가를 위해 죽어야 하는 의리를
꼭꼭 가슴에 새기고 산 넘고 물 건너가는 길에
외어깨에 얹힌 가사쯤이야 벗어놓고 삿갓 쓴 유랑
가리라던 길 위에 오글거리는 풀벌레 소리에 잠들다.

저항하는 말들은 오직 조국 부흥의 노래요
하층민들 고뇌를 대변하는 미래 지도자의 꿈을 실어
곳곳의 여러 궁정을 다니며 지어보는 은유시를
과격한 폭동이라며 정체 모를 복면극에 살해된 무타나비
바그다드 티그리스 강변에 도시 이름으로 잠들다.

비운의 왕자와 호탕한 귀족 시인 사이에 못된아비
신라회복 운동과 거짓예언의 저항활동의 중심에
신라 사로 사라 사라센 아라 아라비아 아라비 아랍
신라와 아랍 그리고 사라 ㅿ라 아라

와~, 사다새 기름으로 먹은 귀를 뚫어나 볼까.

외치는 주문 하나 페르시아 사라센의 말
얄*리 얄리* 얄라*셩* 얄라리* 얄라 :
굳세고 굳세어라. 오 신이시여!
유쾌하게 세월을 보내고저. 오, 신이시여!
이 기도가 하늘에 닿으면 그때 말해주소서.

—《작은문학》 42호(2010. 여름호)

*카불 : 지금의 아프가니스탄 수도 Cabul/ Kabul. 옛날에 고부高附라 했음. 《삼국유사》에 "고울부高鬱府"라고 적힌 이름이 있다.

*경순왕敬順王(927~935) : 김부金傅(897~978)이며, 《경주김씨족보》(김태훈 편저, 평안북도 용천, 1934)에는 슬하에 아들 일〔鎰/ 溢〕 황〔鍠/ 湟〕 종鐘이 있다. 신라 마지막 임금. 후백제의 공격을 받았고, 왕건王建이 세운 고려가 강대해지자, "이처럼 외롭고 위태로운 형세로는 도저히 나라를 보전하지 못한다. 이미 강하지도 못하고, 또 약해지지도 못하여 죄없는 백성만 무참히 죽게 하는 것이니, 나로서는 차마 할 수 없다."고 하고는 드디어 시랑 김봉체金封體를 시켜 고려에 신라왕의 항복문서가 전달되었다.

*마의태자麻衣太子 : 김부의 맏아들 김해군왕金海君王 김일金鎰. 《삼성연원보》(김경대 편저, 평안북도 의주, 1934)에는 슬하에 아들 선웅善雄 순웅順雄이 있다. 16살 되는 927년(경순왕 1) 11월에 태자 김일은 김유렴金裕廉의 딸 영란英蘭과 혼인하였으니, 911년생이 된다. 그 아버지 김부는 14살에 낳은 셈이다. "나라의 존망은 반드시 천명에 달린 것이니, 마땅히 충신 의사와 함께 민심을 수습하여 죽을 각오로 스스로 지키며 힘을 다할 뿐입니다. 어찌 천년사직을 하루아침에 가벼이 남에게 준단 말입니까?"라는 왕자의 말이 유명하다.

*무타나비Mutanabbi/ Motanabbi(915~965) : '무탄압비' 로도 표기되며, 본디 이름은 '아부 앗 타이브 아흐마드 이븐 후사인 알 무타나비' 라고 함. 페르시아 쿠페에서 출생한 시인. 그의 아버지는 귀족이라고도 하고, 물장수였다고도 하며, 시적 재능 때문에 교육을 받을 수 있었다고 함. 900년대에 페르시아 지역에 장사꾼 "물 장사"를 하면서 저항시인이라는 근본 행동이 궁금하다.

*카시다 : 영어로는 Kasida로 표기함. 페르시아에서 60~100行으로 된 송시.

*이 련의 영문으로 된 시 : The desert knows me well, the night and the mounted men, the battle and the sword, the paper and the pen.

*이 련의 영문으로 된 시 : Glory and honour were healed when you were healed, and your pain passed on to your enemies. Lights, that had left the sun, as if it was sick in its body, came back to it. By race, the Arabs are supreme in the world, but a foreigner will take part with the Arabs of good hearts.

*《고려사》 세가 1에는 922년에 거란이 낙타를 보내왔고, 942년에는 낙타 50마리를 보내왔다. 신라 그 땅인 고려에는 낙타가 필요한 곳이었다.

*류심 : 촉한蜀漢을 세운 소열昭烈 황제 류비劉備의 손자. 그 아비 류선劉禪이 사마소司馬昭가 좌지우지하는 위魏나라에 항복하려고 하자, 북지왕北地王이었던 그가 "마땅히 아비와 자식과 여러 신하들이 성을 등지고 한번 싸우다가 사직을 위해 같이 죽어야 할 것인데, 어찌 항복한단 말입니까?" 라고 간해도 부왕 류선이 들어주지 않자, 자결하였다.

*얄 : ye · lam 〉 yl 〔yal〕. 우승자. 영웅. 용감한 사람.

*얄리 : ye · lam · ye 〉 yli 〔yali〕. 용맹. 용기. 굳셈.

*얄라 : ye · lam · lam · alef 〉 ylla 〔yalla〕. ya-allah! 〔오, 신이시여〕의 줄임꼴.

*셩 : shin · nun · gaf 〉 shng 〔shang/sheng〕. 명랑한. 유쾌한. 예쁜.

*얄라리 : ye · lam · lam · ye 〉 ylli 〔yalali〕. 게으르고 태만한 날을 보내다.

조강祖江의 물때

고려 리규보*가 지은 읊은 시에 물때가 있더이다
월령이 같고, 위치가 같으면 물때는 같다는 현상
조강의 물때를 말했었지.

처음 사흘은 묘시卯時(05:00~07:00)에 들고
다음 사흘은 진시辰時(07:00~09:00)에 들고
그 다음 사흘은 사시卯時(09:00~11:00)에 들고
그 다음 하루만 오시午時(11:00~13:00)에 들고
그 다음 사흘은 미시未時(13:00~15:00)에 들고
그 다음 이틀은 신시申時(15:00~17:00)에 들고*
달 없는 그믐부터 이와 같이 반복되노라.

대개 최고조시가 되는 위의 물때는
1일에는 묘초卯初(05:00~05:40)
2일에는 묘중卯中(05:40~06:20)
3일에는 묘말卯末(06:20~07:00)
4일에는 진초辰初(07:00~07:40)
5일에는 진중辰中(07:40~08:20)
6일에는 진말辰末(08:20~09:00)
7일에는 사초巳初(09:00~09:40)

8일에는 사중巳中(09:40~10:20)
9일에는 사말巳末(10:20~10:40)
10일에는 오중午中(11:40~12:20)
11일에는 미초未初(13:00~13:40)
12일에는 미중未中(13:40~14:20)
13일에는 미말未末(14:20~15:00)
14일에는 신시상반申時上半(15:00~16:00)
15일에는 신시하반申時下半(16:00~17:00)이다.

아침밀물이 묘시卯時(05:00~07:00)이면,
저녁밀물은 유시酉時(17:00~19:00)이고;
아침밀물이 진시辰時(07:00~09:00)이면,
저녁밀물은 술시戌時(19:00~21:00)이니;
나머지도 이를 미루어 알 수 있다.
그래서 이 시는 조강 가에서 지은 것이니,
조강 근처의 조석은 모두 이 시간에서 어긋나지 않는다.*

*리규보李奎報(1168~1241) : 백운거사. 1219년(고종 6)에 좌사간으로서 지방장관의 죄를 묵인해주었다는 혐의로 계양도호부부사桂陽都護府副使에 좌천되기도 하였다. 1237년 금자광록대부金紫光祿大夫 수대보守大保 문하시랑평장사門下侍郎平章事 수문전대학사修文殿大學士 감수국사監修國史 판례부사判禮部事 한림원사翰林院事 태자대보太子大保로서 관직을 마쳤으며, 당대를 풍미했던 걸출한 시호詩豪였다. 계양桂陽에 조강祖江이 있다.

*《단구첩록壇究捷錄》 권 5와 《림하필기林下筆記》 권 13에도 나와 있는 "三兎三龍水。三蛇一馬時。羊三猿亦二。"의 기존 번역에 "세 마리 토끼와 세 마리 용의 물이요, 세 마리 뱀과 한 마리 말의 때로구나. 양이 세 마리에 원숭이가 또 두 마리이니"라고 된 것은 아예 틀린 것이다. 물때를 전혀 모르고 글자 모양대로만 옮긴 것 같다.

*원문 : 高麗李奎報詩。三兎三龍水。三蛇一馬時。羊三猿亦二。月黑復如斯。盖極漲時。初一日卯初。初二日卯中。初三日卯末。初四日辰初。初五日辰中。初六日辰末。初七日巳初。初八日蛇中。初九日蛇末。初十日午中。十一日未初。十二日未中。十三日未末。十四日申上半。十五日申下半。潮在卯則汐在酉。潮在辰則汐在戌。餘可推知。而此詩乃祖江上作也。祖江近處。皆不違時。

※참고로 鼠=子〔쥐〕, 牛=丑〔소〕, 虎=寅〔범〕, 兎=卯〔토끼〕, 龍=辰〔미르〕, 蛇=巳〔뱀〕, 馬=午〔말〕, 羊=未〔양〕, 猿=申〔납/원숭이〕, 鷄=酉〔닭〕, 犬=戌〔개〕, 豚=亥〔돼지〕이며, 간지의 12시간대를 나타내는 말이다. 당시의 1시간은 지금의 2시간이다. 1刻은 15분이며, 初/中/末 또는 初/正/末은 각 40분간씩이다.

동남쪽 지역의 물때

바닷가에 사는 사람과 수군들이 외워서 알아야 하는
병법의 기효신서와 등단필구와 단구첩록에 나오는
동남쪽 지역의 물때이더라.

1일 2일 13일 14일은 인시와 신시에 고조, 사시와 해시에 저조 ;

3일 4일 15일 16일은 묘시와 유시에 고조, 자시와 오시에 저조 ;

5일 6일 17일 18일은 진시와 술시에 고조, 축시와 미시에 저조;

7일 8일 19일 20일은 사시와 해시에 고조, 인시와 신시에 저조 ;

9일 10일 21일 22일은 자시와 오시에 고조, 묘시와 유시에 저조 ;

11일 12일 23일 24일은 축시와 미시에 고조, 진시와 술시에 저조 ;

25일 26일은 인시와 신시에 고조, 사시와 해시에 저조 ;

27일 28일은 묘시와 유시에 고조, 자시와 오시에 저조 ;

29일 30일은 진시와 술시에 고조, 축시와 미시에 저조이다.*

그믐이 지난 이 뒤부터 달마다 처음과 같이 반복되느니라.
물이 쏠려 빠져나갈 때에 출항하여 나가고
물이 밀려들어올 때에 입항하여 들어오고
협수로에 물살이 세어야 다니기에 편하여
노 젓는 배들의 유효한 운용이고 편리하나
그 역으로는 참으로 아니올시다. 아니올시다.

*원문 : 東南潮候法 初一初二十三十四寅申長巳亥平 初三初四十五十六卯酉長子午平 初五初六十七十八辰戌長丑未平 初七初八十九二十巳亥長寅申平 初九初十二十一二十二子午長卯酉平 十一十二二十三二十四丑未長辰戌平 二十五二十六寅申長巳亥平 二十七二十八卯酉長子午平 二十九三十辰戌長丑未平.

*참고로 자시子時(23:00~01:00), 축시丑時(01:00~03:00), 인시寅時(03:00~05:00), 묘시卯時(05:00~07:00), 진시辰時(07:00~09:00), 사시巳時(09:00~11:00), 오시午時(11:00~13:00), 미시未時(13:00~15:00), 신시申時(15:00~17:00), 유시酉時(17:00~19:00), 술시戌時(19:00~21:00), 해시亥時(21:00~23:00)이다.

서북쪽 지역의 물때

수군들은 알아야 하는 등단필구와 단구첩록*에만 있는 중국의 서북쪽 조선 지역의 물때이더라.

1일은 자정(23:40~00:20)과 오정(11:40~12:20)에
2일은 자말(00:20~01:00)과 오말(12:20~13:00)에
3일은 축초(01:00~01:40)와 미초(13:00~13:40)에
4일은 축정(01:40~02:20)과 미정(13:40~14:20)에
5일은 축말(02:20~03:00)과 미말(14:20~15:00)에
6일은 인정(03:40~04:20)과 신정(15:40~16:20)에
7일은 인말(04:20~05:00)과 신말(16:20~17:00)에
8일은 묘정(05:40~06:20)과 유정(17:40~18:20)에
9일은 묘말(06:20~07:00)과 유말(18:20~19:00)에
10일은 진정(07:40~08:20)과 술정(19:40~20:20)에
11일은 진말(08:20~09:00)과 술말(20:20~21:00)에
12일은 사정(09:40~10:20)과 해정(21:40~22:20)에
13일은 사말(10:20~11:00)과 해말(22:20~23:00)에
14일은 자초(23:00~23:40)와 오초(11:00~11:40)에
15일은 자정(23:40~00:20)과 오정(11:40~12:20)에
16일은 자말(00:20~01:00)과 오말(13:20~14:00)에
17일은 축정(01:40~02:20)과 미정(14:40~15:20)에

18일은 축말(02:40~03:00)과 미말(15:20~16:00)에
19일은 인정(03:40~04:20)과 신정(16:40~17:20)에
20일은 인말(04:20~05:00)과 신말(17:20~18:00)에
21일은 묘초(05:00~05:40)와 유초(18:00~18:40)에
22일은 묘정(05:40~06:20)과 유정(18:40~17:20)에
23일은 묘말(06:40~07:00)과 유말(17:20~18:00)에
24일은 진초(07:00~07:40)와 술초(18:00~18:40)에
25일은 진정(07:40~08:20)과 술정(18:40~19:20)에
26일은 진말(08:20~09:00)과 술말(19:20~20:00)에
27일은 사초(09:00~09:40)와 해초(21:00~21:40)에
28일은 사정(09:40~10:20)과 해정(21:40~22:20)에
29일은 사말(10:20~11:00)과 해말(22:20~23:00)에
30일은 자초(11:00~11:40)와 오초(11:00~11:40)에
1일은 자정(23:40~00:20)과 오정(11:40~12:20)에 고조이다.*

하루에 두 번씩 물이 들고 나는 물때
하루에 네 번씩 다섯 번씩 여섯 번씩
하루에 일곱 번씩도 들고 나는 물때
북해의 쌍돛대 모래톱* 얕은 무조점에서

오슬로 텍셀 주이드 스케베닝겐 데오뷔유*에
조선의 살아 있는 력사로 남아 있다.

서북쪽 항구에 달마다 초하루의 고조가 한밤과 한낮이니
새벽이니 아침저녁으로는 노로썬 출항할 수 없음이여!
요즘엔 엔진이 있음이 얼마나 행복한지. 행복한지.

*《등단필구登壇必究》과 《단구첩록壇究捷錄》은 책이름.

*원문 : 西北潮候法 初一子午正 初二子午末 初三丑未初 初四丑未正 初五丑未末 初六寅申正 初七寅申末 初八卯酉正 初九卯酉末 初十辰戌正 十一辰戌末 十二巳亥正 十三巳亥末 十四子午初 十五子午正 十六子午末 十七丑未正 十八丑未末 十九寅申正 二十寅申末 二十一卯酉初 二十二卯酉正 二十三卯酉末 二十四辰戌初 二十五辰戌正 二十六辰戌末 二十七巳亥初 二十八巳亥正 二十九巳亥末 三十子午初.

*쌍돛대 모래톱 : 덴마크와 영국섬 사이에 있는 Dogger Bank를 풀어쓴 글이다.

*Oslo〔Norway〕, Texel Noordzee/ Zuid/ Scheveningen〔Netherland〕, Deauville〔France〕의 항구 이름이며, 이곳에는 1일 4조 4석, 5조 5석 6조 6석이 일어나기도 한다.

'전쟁의 신' 이 되기 위한 조건

전쟁마다 이겨야 한다.
지는 전쟁도 있겠지만, 많은 사람들이 감탄스러워야 한다.
그런데 그것이 진짜 '전쟁의 신' 으로 되려면
뒷받침되는 과학적 증명이 가능해야 한다.

한니발Hannibal이 스페인 카르타헤나에서 로마를 치러 가는데, 많은 코끼리를 동원했다. 그 코끼리들을 알프스 산맥을 넘었다. 그것도 겨울에. 이동하는 사람들과 코끼리들은 식량과 군수품을 어떻게 옮겼나? 약 4만 명에서 약 2만 명으로 인력 손실을 입었던 것도 동상에 걸려 죽은 사람들이 많았는데, 그리고 스페인에 코끼리가 있었던가? 그래서 아프리카 북부의 코끼리를 동원하여 갔다면, 아프리카에서 이베리아반도로 배에 코끼리를 싣고 옮겼단 말인데.

신화는 이렇게 만들어진다.
불가능한 것을 가능한 것처럼
"소설"을 써서 사실화하려고 했던 것이다.
소설은 소설일 뿐이다.

리순신李舜臣은 싸움마다 이겼다.
13척 전선으로 왜적선 333척과 싸워서 이겼다.
수적으로는 이길 수 없는 조건이다.
명량鳴梁 그 울두목에서 그래도 이겼다.
이길 수 있는 조건이 무엇인가?

한반도에서는 “신화”가 될 수밖에 없지만,
아직도 수중철색을 사용한 흔적이 남아 있는 곳
옛날부터 사용했다는 고사도 있다.
바로 그곳 그 울두홍熨斗谼 울두피熨斗陂.

전쟁은 장난이 아니다.
국가의 운명을 좌우하는 도박이다.
……

내가 아는 1842

1842!
아편전쟁의 끝이던가?

그 암울한 시대를 이끌어왔던
세력들이 련합국이라는 8개 나라들이
아시아를 집어삼켰다.

불법단체, 불법국가들이 앞다투어
그 세계는 조선을 갈아엎었다.

불법조약들이
불평등을 뒤로하고
조선은 이 나라, 저 나라 가리지 못하고.

아시아를, 조선을 마구 할퀴고
마구 짓밟고
온통 빼앗아 가버렸다.
정신마저도.

그 뒤 60년이 지나자
조선을 사라지게 하는 난리들이 판을 쳤다.
남경조약천진조약병자수호조약태평천국동학란
임오군란갑오경장명성황후시해대한제국건국을사보호조약
강화도조약네르친스크조약 얄타회담 포츠담선언
란란란란 조약조약조약조약

오늘 아침 1842의 숫자는 나를 참으로 슬프게 한다.

어름 그리고 사이

Ⅰ.

제대로 밀착되어야
가장 멀리 날아가는 건
약통과 격목隔木 사이
격목과 대전大箭 사이

총통 속 깊은 밑바닥 안에는
그리움이 사무쳐 과녁에 쏟아지면
마음이 집중에 빠진지도 모르는 사이
기다리다 못내 터져 우렁찬 소리만큼
멀리 닿아 터져 울려 퍼지는 파장은
언뜻 우주를 깨우는 죽비의 타격에
꽃물 들이켠 입맛처럼
망울망울 교집합의 소리여라
그대와 나의 사랑의 화음인 양.

Ⅱ.

가장 가까이 낮게 평온해져야
가장 멀리 높게 솟아 있는 건
흑해와 카스피해 어름

코도리Kodori강과 쿠반Kuban강* 어름

코카서스 엘브루스Elbrus(해발 5642m) 산마루에는
그리움이 옹잘거리며 하늘로 솟아나면
마음이 생각에 빠진지도 모르는 사이
견뎌내다 못내 뿌려진 태고의 눈밭만큼
고요의 하얀 옷으로 뒤덮는 소리는
아직도 세상을 깨울 힘이 되어
몇만 꿀롱Coulomb의 당기는 전기량처럼
훙글훙글 합집합의 소리여라
그대와 나의 존재의 외침인 양.

Ⅲ.
가장 가운데 우뚝 있어야
가장 넓게 멀리 바라볼 수 있는 건
아무하와 타림하의 어름

파미르고원 그 총령葱嶺과 백산白山의 마루에는
그리움이 땅속에서 솟아 하늘에 눈 맞추고
쑥과 마늘의 선식仙食에 빠진지도 모르는 사이

고콜불* 빛 따라 드레진 곰색시(熊女)마냥
인내의 하얀 옷으로 휘감는 소리는
이제야 세상을 깨울 힘으로 남아
느낌표만큼이나 속 태운 감탄처럼
야후*! 야후! 여집합의 소리여라
그대와 나의 역설의 편린인 양.

*엘브루스 산에서 발원하여 남쪽으로 흐르는 강이 코도리이고, 북쪽으로 흐르는 강이 쿠반이다.
*고콜불 : 벽에 뚫은 구멍에 켜는 관솔불.
*야후yahu : 페르시아어로 '오, 신이시여!' 의 뜻이다.

남해 노량해전 재현 행사에서

푸왕! 푸왕!
지자총통에서 장군전이
현자총통에서 차대전이
심지에 불 댕기는 순간에
하늘을 치 쏘며 구름을 뚫었다.

간밤에 새벽 일찍 밤잠을 깨우고
번개에다 천둥이 지축을 울리며
거친 비바람 휘몰아 쏟아지더니
오늘 신중申中(16:00)에는 그렇게 맑았나보다.
충무공 리순신의 승전을 기념하기 위하여.

밤하늘을 밝히며 스쳐간 번갯불
밤하늘을 울리며 떠난 천둥소리
내 어머니의 기도하는 마음같이
관음에서 충무공의 독전하는 포효같이
밤새 그렇게 력사를 만들었나보다.

—2009. 12. 5. 16시에 남해 노량해전 재현행사을 마치고

거북선, 메밀꽃 사이에 서다

꿈에도 보이는 거북선을 그린다, 나는.
미르 아가리에 대포알을 쏘아대며, 나는.
왜적선 한복판으로 돌진하며 마구 두들겨
부딪치며 한꺼번에 순식간에 해치운다.

바다 물결에 피어나는 메밀꽃* 사이에서
벚꽃 떨어지듯 국화 떨어지듯 대포알로
끈질긴 왜적 침략의 끈을 썩둑 동강내며
장강과 회하를 온전히 막아내며 지켜냈다.*

1층에 침실 두고 창고 무기고로 채워놓고
2층 이물에 미르머리 현측에 노 젓는 격군
3층에 좌우 앞뒤에 크기대로 대포 벌려놓고
천장은 둥글게 덮어씌워 쇠송곳을 꽂고서
두대박이 돛대를 마음대로 눕혔다 세우며
별도로 높여 4층에 작은 함교에서 지휘하여
왼쪽 오른쪽 앞으로도 뒤로도 마음대로 가노니.

오너라! 파도여.
오너라! 왜적들아.
나는 볼 수 있는 너를 너는 못 보지 나를.
같은 하늘 아래 살지 않기로 맹세했거늘
마구 왼쪽 오른쪽 앞에서도 뒤에서도
대포알 우박처럼 우레처럼 쏘아대어
한 척도 한 놈도 돌아가지 못하리라.

*메밀꽃 : 파도가 일어날 때 하얗게 생기는 물보라.

*《리충무공전서》 권수에 선조 임금이 리순신 전사한 뒤 제문을 올리며〔卒逝後賜祭文〕에서 "장강과 회하를 가로막음은 오직 그대에게 맡겼었네〔蔽遮江淮惟卿是倚〕"라 했다.

난중일기, 부국강병을 위한 혈서

1.

사나이로 태어나서 나라에서 써 주면야 충성 다할 것이로되, 안 써 주면 그만이지. 시골에서 논밭갈이로 살아가리라, 나는. 죽으면 죽을 따름이지 한갓 옥지기에게 뇌물을 주어서 구차스레 내 한목숨 살리려고 한단 말가. 부끄러운 줄 알라던 그 호통 소리 아직도 쩌렁쩌렁 귓바퀴에 울리고 뇌리에 생생한데, 넋이여 얼이여 천지신명이여 잊지 마소서! 당신의 탄신일을 기리고, 당신의 전사한 순국일을 잊지 않으려 당신의 난중일기를 또 읽어봅니다.

삶이야 자신의 고유한 가치관이니 발그집을 것이야 없지만, 사유재산도 백성의 공유된 공간으로 열려 있으면 안다미씌울 빌미는 부끄러울 뿐이다. 아산 현충사는 충무공 리순신의 성역화 공원인데, 세월은 야속하여 안벽치고 발벽치는 세상이라 고픈 날을 견뎌낸 흔적은 빚으로 남아 어쩔 수 없는 선택이 목줄을 조으며 다가오니 덕수 리씨 종친 맏며느리의 지친 삶은 어려운 생각의 끄트머리에 서서 조상 볼 낯을 붉히며 법원의 재산 경매에까지 갔단다.

그 누구보다도 듬뿍 온 국민의 존경을 받는 인물의 집

안에 문화재로 등록된 터까지 들어 있는 부동산 처분의 사건이란 소문이 매스컴을 타고 파다하자 사람들 입에서 웅성웅성 팔매질을 해댔다. 흥청대며 살아온 것도 아니고 자식 학비 농사자금 대출을 갚지 못해 늘어난 빚일 따름인데 세상은 온통 손가락질에 가슴은 응어리진다. 삶이 그대를 속이고 나를 속이고 있음을 이제야 알았는지. 덕수德水는 한수漢水이고 한강漢江이고, 큰 강이고 대강大江이라 넓고도 길기도 하지.

2.

임진왜란 7년의 국난을 슬기롭게 물리친 최고 공로자의 후손이 400년 남짓이 지난 지금에 와서 남은 것은 빚뿐인가 보다. 삶의 질과 형태가 너무도 다르기에 이런 일도 있는가 보다. 건삶이 무삶이 농사로 충효를 다하던 대가족 시절은 가고, 중공업과 전자산업으로 개인중심의 소가족 핵가족 시대로 패러다임이 바뀌어 강산도 변하고 인심도 변했다. 남의 말이라 쉽게들 말하지만, 난중일기 한 번이라도 읽어서 나의 삶에 교훈의 기둥으로 삼아봤으면 이런 일은 없었을지.

나라에서 해주기를 굳이 바라지는 않았고, 오로지 자신의 힘으로 할 수 있는 일이라면 발벗고나서서 해냈던 보람은 의무였고 사명이었다. 병법을 익히며 군사들을 모으기도 하고, 실전과 같은 교육훈련을 휴일도 잊고 했으며, 활쏘기로 신체단련과 정신무장과 명중률을 올리는 일석삼조의 성과를 올리고, 군사마다 검열하여 꼼꼼히 챙기고, 왜란이 일어나는 줄도 모르고 시운전하고 대포발사하면서 평소의 땀 한 방울이 전시의 피 한 방울과 맞먹는다며 쉬지도 않았다.

새벽녘에 촛불 켜고 홀로 앉아 왜적 물리칠 길흉을 점쳐 보고는 좋은 날을 골라잡아 마을마다 순찰하고 무기마다 점검하며, 추워서 벌벌 떠는 군사들 옷 챙겨주느라 눈물겹고, 동아로 김치 나물 반찬 만들어 굶주린 군사들에 나누어주고, 소 잡아 잔치하며 군사들 배불리어 사기 돋우고, 힘센 장사들 씨름시켜 힘겨루기 하여 한때의 즐거움을 느끼게 하고, 칡뿌리로 갈증을 덜게 하고, 인진쑥을 달여서 아픈 몸을 다스리게 하여 나보듯 군사들 챙기느라 바쁘기도 하였지.

3.

빠른 놈이 먼저 닿는 법이니. 적진에 돌진하여 마구 공격할 수 있도록 거북선도 발명하고, 조총을 모방하여 청

철총통을 개발해내고, 화력집중도 높이려고 학익진을 개발하고, 말타고 활쏘는 기사騎射 종목을 바꾸어 편전 쏘는 종목으로써 해군 실정에 맞게 개량하고, 백성들 잘 살도록 넓은 터에 목장을 경영하고, 바닷가 소금을 굽게 하고, 논밭의 둔전에 배메기로 농민을 배 따습게 해주면서 군량도 확보하고, 해로통행첩을 만들어 어장을 확보하고 간첩도 색출하는 일까지 해냈었지.

같은 성씨라 찾아봄이 도리에 어긋나지는 않겠지만, 높은 관직에 있는 한에는 오해의 소지가 있으니 결코 찾아가보지 않으리라며 빼뚜름한 사람을 혼내주었듯이, 오동나무 한 그루도 개인적으로는 못 가져간다며 베어주지 않았던 것도, 낮은 등급의 사람을 순서를 뛰어넘어 승진시키는 월천越薦 행위는 윗사람과 함께 자신도 공범되는 비리이니, 그렇게 해주지 못하겠다고 따지며 거부한 것이 화근이 되어 뒷날 발포만호 시절에 군기문란이란 죄목의 덫에 걸려 파직이 되었지.

전략부재의 짧은 머리가 흥분하며 날뛰며 내린 구속의 죄명이야 조정을 속이고 임금을 업신여긴죄요, 적을 쫓아치지 않아 나라를 등진 죄요, 남의 공을 가로채고 남을 죄로 빠뜨렸으니 한없이 방자하고 거리낌이 없는 죄라지만, 이 어느 한 가진들 경국대전에도 대명률의 어떤 조항에도 법을 어긴 사실이 없고, 요시라의 꾀에 빠진 임금 선조가 자신이 꾸며 만든 거라면서 리순신에게 죄 없다고 실토하지 않았던가. 리순신은 단 하나도 죄가 없는 전혀 무죄였느니, 무죄.

4.

파면과 구속과 백의종군으로 점철된 리순신은 그 때문에 더 꿋꿋하게 살아갔던 인물의 대명사처럼 보이지만, 그 삶의 바탕에는 고통의 연속이기에 우리에게는 더욱 숭모하고 흠모하고 존경해도 모자라는 마음이라 어느 누구에게도 무슨 탓으로 돌리기엔 속 아픈 소식일 따름이어라. 드러내놓고 울지도 못하여 강막지의 집에 들어가 실컷 울었던 카타르시스도 있었다. 구속에 고문까지 곪어가며 인내한 모진 목숨이 칠천량 패전 소식에 흘릴 눈물조차 말라 가슴만 타들어 탄식뿐이더이다,

우리나라에서 미더운 것은 오직 수군뿐인데 수군마저 희망이 없게 되었으니 생각할수록 분하여 간담이 찢어지는 것만 같다. 원통하다. 대장이 왜적을 보고 먼저 뭍으로 달아나버렸으니, 모든 잘못이 그 때문이라, 다들 그 살점이라도 씹어 먹고 싶다고들 하니 차마 입으로 형용할 수 없고. 도원수는 찾아와 이를 어찌하면 좋겠냐 했으나, 무슨 도리가 있겠소. 직접 연해안 지방으로 가서 보고 듣고

난 뒤에 방안을 결정해야 한다는 말에 도원수는 기뻐하였지.

남해연안답사 길에 사흘을 잠 못 잤다고 눈병이 나고, 소주 한잔에 인사불성되고, 식은땀 흘리기는 며칠 동안씩이나 베갯속까지 속옷 두 겹까지도 흠뻑 젖기도 하고, 구토설사 수없이 해대며, 장염으로 툭 하면 배탈이라 온백원 먹으며 겨우 정신 차리고 나면, 입술은 위로 말려 올라가 원숭이 코처럼 보기 흉하게 돼버렸고, 막내아들 죽자 가슴에 박힌 못에 그만 흐른 코피가 한되 가량 쏟아져 어질어질한 그 깡마른 몸으로도 보았노라 싸웠노라 쳐부수었노라 이겼노라.

5.

기쁨은 간곳없고, 자식 잃은 슬픔 이길 수 없음이여! 천안에서 심부름꾼이 집안 편지 하나를 보내왔다. 봉한 편지 뜯기도 전에 뼈와 살이 먼저 떨리고 정신이 아찔하고 어지러웠다. 대충 겉봉을 뜯고 열이 보낸 아들 편지를 보니, 겉에 통곡 두 글자가 쓰여 있어 막내 면이 전사했음을 짐작했다. 어느새 간담이 떨어져 목놓아 통곡했다. 하늘이 어찌 이다지도 인자하지 못하는가. 간담이 찢어지는 것 같다. 내가 죽고 너가 사는 것이 이치에 맞거늘, 너가 죽고 내가 사니 이런 어그러진 이치가 어디에 있는가. 천지가 캄캄하고 해조차 빛이 변했구나.

슬프다 내 아들아. 나를 버리고 어디로 갔느냐. 남달리 영특하기로 하늘이 이 세상에 머물러두지 않은 것이냐. 내 지은 죄가 네 몸에 미친 것이냐. 내 이제 세상에 살아 있어본들 앞으로 누구에게 의지할꼬. 너를 따라 같이 죽어 지하에서 같이 지내고 같이 울고 싶건마는 네 형 네 누이 네 어미가 의지할 곳 없으니 아직은 참으며 연명이야 한다만 마음은 죽고 형상만 남아 있어 울부짖을 따름이다. 하룻밤 지내기가 일년 같구나. 이날 밤 열 시쯤에 비가 내렸다. 이 세상 나보다 더 불행한 사람이 어디에 있을까. 그 짝을 찾을래야 찾을 수 없을 게다.

적진에 앞서 나가 분투하며 화살과 총탄을 무릅쓰고 싸우다 조총에 맞아 비록 죽을 만큼 다치지는 않았으나 어깨뼈가 헐어서 구멍이 뻥 뚫리고 진물이 줄줄 흘러내려 소금으로 뽕나무 재로 문지르며 치료를 해봐도 차도는 별로 보이지 않고 조금도 나아지지가 않아서 갑옷을 입을 수도 없어 싸움에 나서야 하는 현장 지휘관으로서 걱정을 했던 것도 나를 위함이 아니라 나라를 위함에서 얻은 영광의 상처였느니, 그래도 부끄러운 마음이 들어 어쩔 줄을 몰랐더라.

6.

이 땅 어디에도 경제적 수단을 만들려고 애태웠던 한때 어느 대통령이 있었지. 아가씨 머리카락 아주머니 머리카락도 박박 잘라서 꽁꽁 묶어 팔아 가발 만들고, 자유무역지역 공장에 밤을 낮같이 불 밝히며 수출에 혈안되고, 독일 탄광에도 보내고, 베트남 대리전쟁에도 나가고, 그렇게 해서 한 해에 수출이 겨우 백만 달러도 되지 않았던 시절도 있었지. 먹고 살아야기에 입만 먹여달라고 애원했던 것은 못살아 가난하면 자유도 없는 법. 자유는 구속에서 진정 사치스런 방종의 얼치기다.

그런 시절에 돈 될까싶어 난중일기를 훔쳐 일본에 넘기려다가 부산에서 붙잡히고, 그 일기 뭉치를 현충사에 보관하게 되었던 절도사건도 있었다. 지렁이 기어가듯 날려쓴 어려운 초서를 누가 보고 싶어 가지고 싶어 그랬는지 일본 사람들은 그런 글을 잘 읽어서 그랬는지 좋아해서 그랬는지 궁금하지만, 미수에 그쳤기에 참으로 다행한 상처입은 난중일기다. 쉬운 한글로 완역해 놓았으니 읽을 사람 많으면 그 얼마나 좋으련만, 이젠 잘 살다보니 쉬우면 쉬운 만큼 그렇지도 않은가봐.

야망 없는 사람이야 있겠나만, 욕심 끝에 나는 한 가지 꿈을 꾼다. 그 꿈속에 태양처럼 빛나는 희망을 가져본다.

난중일기가 우리에게 무엇인가. 영웅의 전기에 나온 몇 마디로 전문가라고 나서는 무리들에게 묻는다. 한학자라는 무리에게 묻는다, 천자문은 떼었겠지. 난중일기가 무엇이냐고. 목숨을 저당잡힌 국내 최대의 반란사건 왜란의 와중에서 고뇌의 결실이 담긴 성공한 지휘관 리순신의 혈서이니까 그 난중일기를 품격 높게 유지할 수는 없을까 하는 것이 나의 꿈이다.

7.

대통령의 현충사 추모도 애국의 역사의식이라, 학문을 부흥시킨 정조대왕은 늘 머리맡에 두고 읽었다. 정치에 자신의 잘못이 있을까봐 허벅지를 꼬집었고, 이슬의 이름을 가진 노량해전의 기사를 읽으며 역사란 무엇인가를 생각하다가 넓적다리를 꼬집으며 탄식했던 적이 한두 번이 아닌 것도 충무공 리순신 행적에서 국가지도자가 깨달아야 할 자신의 채찍으로 삼은 것이었느니. 마지막 조선이 세월을 지내면서 리순신 잊고, 난중일기 잊고 살다가 엄청 큰 봉변을 당했던 적 있었지.

일본에서는 한때 도고 헤이하치로를 비롯한 지도층 사이에는 언제 어디서든 대화의 중심에는 딱 한 가지가 있었다. 다름 아닌 충무공 리순신의 전략 전술 훼손이었다. 바로 그 전략 전술 훼손의 교훈을 뽑아낸 것이 승리의 비결이라 그것으로 리순신의 조국인 조선을 일본 식민지 도구의 교본이 되었고, 끝내 6 · 6년을 그 식민지로 만들지 않았는가 말이다. 그 한때 우리 조상님들 자유 잃고 재산 잃고 목숨 잃고 행복은 꿈에나 그리며 생각조차 못했고 참으로 고생도 많았었지.

살아남은 자들이야 할말들이 많지만 죽어서는 말 못하고 그냥 그랬거니 하는 법이지. 전쟁은 나라를 위해 죽은 사람의 영광이라, 그들에게 영광을 돌려주는 것. 그래서 살아남은 자의 몫은 미래를 책임지는 것. 다행히 소설 리슌신젼은 단재 신채호도 백암 박은식도 서해 최학송도 춘원 리광수도 펴내어 조선 사람의 우월성을 내세워봤는데 읽는 사람마다 감탄했단 말도 더러 있어 마음 기쁘지만 평화스런 지금에야 하는 말이고 정작 어려웠던 그 시절엔 관심도 없었던 게야.

8.

지식인도 무식꾼도 몇몇 뜻있는 사람이야 속으로만 생각하고, 글 속에 길 있다는 걸 깨닫지 못한 사람들이야 관심을 보이질 않았던 터라, 군중심리는 다수 편에 서서 흘러가고, 현명한 자유민주주의는 다수의 어리석음을 망각하고 동일한 인격과 품격의 평등으로 잣대를 들이대어 홍수를 거스르는 바위 몇 덩이쯤이야 통째로 빠져 함께 떠

내려갈 테지 하는 생각뿐 자신들의 힘이 역부족이라 그저 박물관에나 있을 역사 속의 난중일기에 지나지 않았던 게야.

바람이 부는 것도 아니고, 수레가 달리는 것도 아니고, 계곡의 끊어진 철길 위로 달리는 열차도 아니고, 한국의 돌아가는 길을 보니 마음은 아플 여유조차 사치스럽다. 적을 잊으면 망한다. 적을 가볍게 보면 망한다. 적을 적으로 보지 않으면 바로 그가 적이다. 북한의 장거리 미사일 발사시험이 한국을 겨냥한 미사일이 아니라고 하던 지도자들. 북한 핵무기가 한국에게는 쓸 무기가 아니라고 한 지도자들. 난중일기에 '나라를 위해 심히 통탄할 일' 이란 글은 보지 못했던 게야.

통일비용 줄인답시고 북한도 잘 살아야 하며, 민족적 차원에서 민간인 지원은 이루어져야 한다며, 절대 군사용으로는 아닌 부분에만 쓰도록 했다지만, 소떼 몰아주고 강냉이 가마도 모자라 아예 배에 그득 실어 보내주고 하더니, 그러면 형님 덕분에 고맙습니다 할 줄 알았겠지만, 그 결과에 돌아온 것은 개성공단에 금강산 관광자원 개발에 마구 퍼부어 공동의 이익부담은 부메랑이 되어 자산동결 재산몰수라는 협박과 공갈로 벼락치듯 날아온 화살과 대포와 어뢰뿐이다.

9.

세계의 축제 올림픽 때에도 연평해전 벌어지고 대청해전 이어지고, 평화롭게 바다 지키던 멀쩡한 천안함이 어뢰에 피습되어 세 동강나고 두 동강은 어렵사리 한 달 만에 건졌으나 중앙의 한 동강은 날아가 흔적조차 없어져버렸고 46명이나 목숨을 잃어 산화된 전사자가 되는 비애의 백령도 앞바다가 있다. 사람 뒤돌아 세워놓고 총질해대는 비겁하고도 비열한 인간들을 서부영화에서도 용서하지 않고 바로 응징하며 매장시키지. 인간이 비겁하면 살아있을 곳이 하늘 아래에는 없다.

비록 천하에 전쟁이 없어 평화롭다고 할지라도 한시라도 전쟁을 잊고 살면 국가는 위태롭게 된다는 말이 있지. 적을 잊으면 망한다. 적을 가볍게 보면 망한다. 적을 적으로 보지 않으면 바로 그가 적이다. 싸워 이김으로써 나라의 부끄러움을 씻겠노라던 리순신은 적을 알고 나를 알면 백번 싸워도 백번 다 이긴다며 죽음으로써 결전하되 이미 이겨놓고서 싸웠더라. 조선을 침략한 왜적은 한놈도 한척도 돌아가지 못하게 하겠다던 충무공의 신념이 난중일기에 꼭꼭 배어 있음이여!

역사는 말한다. 저 일본은 리순신을 가장 존경하며 배워서 리순신의 그 조국을 식민지화했다. 우리의 현실은 말한다. 한국에서는 재미가 없다는 말을 해가며 난중일기 마저 외면해서야 쓰겠는가. 읽자 읽자 난중일기를 뚫어지게 읽어보자. 남아있는 1593일간의 일기지만 65일간이 더 보충된 것도 무엇을 말하는지를 알게 되리라. 이 한 목숨 살기를 돌아보지 않겠다, 내 몸을 버려서 나라에 보답하겠다는 신념어린 말들이 빼곡히 실려 있는 글을 한 줄이나마 읽어보자.

10.

이제 답해보라. 천지를 주무르는 재주가 있고 나라를 바로잡을 공로를 세웠던 우리나라 최고의 영웅은 누구인가. 세계 최고의 영웅은 누구인가. 몸이 불편함에도 건강이 매우 좋지 않았음에도 전투마다 모두 이긴 사람은 누구인가. 풍신수길이 죽어서도 이기지 못한 장수는 누구인가. 일본 최고의 영웅 도고 헤이하치로가 가장 존경한 영웅은 누구인가. 400년도 전에 현대의 해군전략 못지않은 전략을 수행한 대-전략가는 누구인가. 위기관리의 최고 CEO 모델은 누구인가.

백병전 패러다임에서 함포전 패러다임으로 발상을 전환하여 대응했던 대-전술가는 누구인가. 백범 김구가 가장 존경한 인물은 누구인가. 진짜 포용력 있고 사람을 잘 부리는 솜씨가 있고 일이나 사물도 잘 관리하는 수완이 있는 그 휫손의 진짜 귀재는 누구인가. 이 질문 열 가지에 대답은 하나로 귀결되는 역사 속의 그는 누구인가? 그가 바로 충무공 리순신이다. 그래서 이 자은 빠이레白樂도 젊어서부터 평생 연구하며 가장 존경의 대상으로 삼지 않았는가.

영웅은 젊은이의 표상이고, 늙은이의 깃발이며, 모두의 자랑이다. 자랑은 우리의 값진 재산이요 유산이다. 영웅은 부풀린 과장이 아니라, 있는 그대로의 사실이어야 한다. 이 영웅의 일기를 나의 품속에 넣고 머리맡에 두고 나의 지혜의 안내를 받는 도구로 쓴다면 어떨까. 개인의 출세 성공 모델로 가능하며, 기업의 생존전략 모델로도 가능하며, 군사전략전술의 모델로도 가능하며, 국가전략의 모델로도 가능한 것이 바로 리순신이요, 리더십의 현장기록 난중일기이다. 아~.

11.

사생활의 개인비밀에 일기는 공개되지 않지만, 영웅의 사생활은 언제나 드러나는 법. 아내의 위독함도 나랏일보다 밀려나고, 홀로 다락 위에 기대어 나라의 돌아가는 꼴을 생각하니 위태롭기가 마치 아침이슬과 같다. 안으로 나라의 정책 결정할 만한 기둥 같은 인재가 없고, 밖으로는 나라를 바로잡을 주춧돌 같은 인물이 없으니, 에라 참으로 모르겠다. 나라의 운명이 어떻게 되어갈지. 마음이 괴롭고 어지러워서 종일 엎치락뒤치락 하였다는 지도자를 나는 목숨 내놓고 따르리라.

천자는 서쪽으로 멀리 떠나시고, 왕자들은 북쪽 땅에 붙잡혀 위태롭게 지내는데, 이 외로운 신하는 나라 걱정하는 날뿐이라. 장사들이여! 이제 공로를 세울 때로다. 바다에 맹세하니 물고기와 악어들도 꿈틀대고 산에 맹세하니 풀과 나무들도 알아듣도다. 이 원수 왜놈들을 다 무찌르고 나면 비록 죽음까지도 사양하지 않으리라. 왜적과는 같은 하늘아래에서 함께 살지 않기로 맹세했나니, 남아있는 왜적은 한놈도 한척도 돌아가지 못하게 하여 나라의 원수를 갚고자 하나이다.

내가 죽지 않았으니 적이 감이 범하지 못하리라. 바다에서 오는 적을 막는데는 해군만 한 것이 없소이다. 요즘 좀 평화스럽다하여 해군이 팔짱만 끼고 서로 바라보면서 한 가지라도 꾀를 내어 적을 무찌르는 일이 없다고 함은 천부당만부당하외다. 그럴 리가 만무하다. 여러 지휘관들과 맹세하여 죽음으로써 원수를 갚고자 다짐하며 나날을 보내고 있으며, 저 5년 6년 동안 적들이 꼼짝달싹하지 못한 것도 바로 우리 해군이 있었기 때문인데 이를 모른단 말인가.

12.

알고도 모르는 체하는 말씀인가. 잘못은 반드시 고쳐야 지만, 매너리즘에 빠졌단 말을 하니 바다에서 멀미하며 밤잠 설치며 외적을 방어해온 듣는 사람 참으로 섭섭하오 이다. 밤이 깊도록 부하들이 즐겁게 마시고 뛰놀게 한 것도 내 스스로 즐겁고자 한 것이 아니라, 오랫동안 고생한 장병들의 노고를 풀어주고자 할 따름이었다. 사기가 높아야 싸움에서 이길 수가 있다고 말한 지휘관을 나는 목숨 내놓고 따르리라. 만약 어려운 상황에 부딪치면 어이해야 할까.

아침에 뽑은 흰머리카락이 더 는 나 어이하며 살아왔고, 더 어려운 날을 맞게 되더라도 앞으로 어떻게 살 것인가. 몸을 헐어서 피로써 울며 간담을 열어젖히고서 사세가 여기까지 왔으니 화친할 수 없음을 밝혀서 말할 것이다. 아무리 말해도 되지 않는다면 이어서 죽을 것이다. 또 그렇게도 못한다면 짐짓 화친하려는 계획을 따라 몸을 그 속에 던져 온갖 일에 낱낱이 꾸려가며 죽음 속에서 살길을 구한다면 만에 하나라도 나라를 건질 방도가 있게 될 것이다.

송나라 역사는 읽어서 무엇 하며, 역사 공부는 해서 어디에 쓰겠는가. 바로 이런 어려움에서 살길을 찾아내야지. 조선 땅에서 금토패문이 웬말인가. 진회의 권력이 악비의 충성을 짓밟았던 교훈을 본따려는가. 충성과 의리는 이런데서 찾아야 한다. 나라는 잘 다스려지면 흥하고, 잘 다스려지지 않으면 망한다. 의리가 담겨있는 난중일기에서 배우자. 한 사람이 길목을 지키면 아무리 억센 천명도 만명도 두렵게 한다는 교훈이 살아있다. 함부로 천행이라 말하지 말라.

13.

우리가 죽어야 모두가 사는 법. 반드시 죽고자 하면서 대들면 반드시 살 길이 있는 법이라. 그 역으로는 죽음뿐. 울두목 여울의 물살은 저들에겐 죽음이요, 우리에겐 살 길의 기회이다. 꿈에 신령이 가르쳐준 철쇄를 걸어라. 포연탄우의 적진 속에서 살길을 찾아라! 적들이 벌떼같이 대들어도 겁먹지 말고 침착하라! 적들이 아무리 많더라도 우리를 감당해내지 못하리라. 오로지 왜적을 맞추어 죽이기만 하라! 잘 하고 못하고는 내가 눈으로 보지 않느냐. 승리는 우리 것이다.

내 죽었단 말 내지 말라! 싸움이 한창이다. 군사들이 놀라면 안 된다. 방패로 내 앞을 가려라! 울음소리 못 나오게 옷깃으로 입에 물고, 수건으로 입을 막고, 유언대로 방패로 가리고 북을 울리며 나아가고 징을 울려 물러나기도

하여 꽹과리 울리며 목숨 바쳐 힘써 싸우니 죽은 리순신 산 왜적을 쳐부수었다. 지난밤 함교에서 두 손 씻고 무릎 꿇고 하늘에 빌며 이 원쑤 무찌른다면 지금 죽어도 유한이 없겠나이다던 다짐대로 이루었더라. 부국강병의 혈서로 남아있는 이 글은 우리의 보배다.

적선을 멀리서부터 살피고 즉시 보고하라(瞭察賊船 登時馳告)는 말 한 마디에 살피고 망보는 일들이 각별하여 빈틈없이 사변에 대비하니 무엇이 두려우랴. 덤벙대지 말라. 태산같이 침착하라. 진주는 호남의 길목이고 호남은 나라의 울타리라 호남이 없으면 나라가 없어질 테고, 진주가 없으면 호남이 결코 견뎌내지 못하리라. 이미 진주가 무너졌으니 호남을 반드시 지키리라며 그 길목 한산도로 수군을 전진배치 하였던 전략은 앞으로도 유효할 길목 차단과 봉쇄전략이지.

14.

백성들은 겁쟁이가 열에 열아홉이고 용감한 자라야 겨우 열에 한둘이라 평시에 서로 섞여 모여 있으므로, 무슨 소리만 들려와도 문득 달아날 생각뿐이고, 놀래어 엎어지고 자빠지며 앞다투어 달아나니, 그 안에 용감한 자가 있더라도 홀로 나가 적의 시퍼런 칼날을 무릅쓰고 돌격하여 싸울 수가 있으랴. 용감한 사람을 가려내어 지혜 있는 지휘관에게 맡겨서 소질과 능력에 따라 잘 지도하여 정예군사를 길렀더라면 이렇게까지는 되지 않았을 것이라 가슴 아플 따름이네.

해전이 쉬운 점은 군졸들이 죄다 배 안에 있으니, 그 자체가 배수진이니, 겁 많은 군사라도 적선을 보고도 달아날 수가 없고, 힘을 다해 싸우지 않을 수 없으며, 북소리 급하게 울려 노를 재촉할 때에 명령을 어기면 군법이 뒤따르니 목숨 바칠 각오 누군들 아니하랴. 천자총통 지자총통 현자총통 황자총통 대포에 철환 대전 화전을 빗발치듯 우박 퍼붓듯 쏘아대고, 대완구 중완구에 비격진천뢰 단석을 날려 보내면, 적군의 사기는 꺾이어 물에 빠져 죽기에 바쁘니 통쾌하기 그지없나이다.

조선의 군사는 천하에서 으뜸이라 왜놈들이 가장 무서워하는 것은 조선의 수군인데 수군을 뽑아 뭍에서 맡도록 줄여서야 좋은 전략은 아니지요. 싸우면 이기기도 하고 지기도 하여 전쟁에는 늘 있는 법이라, 한번 패하였다고 해서 절망할 필요는 없고, 한번 이겼다고 해서 우쭐댈 것도 없나이다. 존재하는 것만으로도 적의 기동에 제한을 주는 현존함대전략이 얼마나 위협적인지 인식해야 맞서 싸워 해치울 결전전략도 힘을 얻으니, 오로지 만전의 태세로 대비하는 것뿐이지요.

15.

변방에서 작전이 한번 실패하면 그 해독이 중앙에까지 미치는 실례는 이미 경험하였고, 하물며 방비하는 군사가 큰 진에는 320명을 넘지 않고, 작은 보에는 150명도 차지 않는데다, 열에 엳아홉은 정리되지 않아 달아나거나 죽은 지 오래된 사람들이고, 현재 근무하는 사람마저 늙거나 쇠약하니, 친족에게 징발하지 말라는 명령은 거두어야 그 친족이나마 나가 싸울 수가 있으련만, 수군은 아무나 맡아하는 직이 아니니, 바다에서 대군을 맞아 싸워 이길 군사를 채워주소서.

건원보에서 주르친 여진女眞을 무찔렀고 조산보 녹둔도에서도 무찔렀지만, 적은 수비요원으로는 적군의 기습에 백의종군까지 했던 교훈은 이미 겪은 바요, 또 그럴 수는 없다. 그러나 하늘은 마음과 뜻을 괴롭히고 살과 뼈를 지치게 만들고 몸과 살갗을 굶주리게 하고 그 생활을 궁핍하게 하여서 하는 일마다 어긋나게 만들고 있다. 하늘이 큰일을 하려는 사람에게 내리는 징험이려나 보다. 그 마음을 움직여 인내심을 길러 해내지 못한 일을 더 잘할 수 있게 함이렷다.

바닷길은 험난하고 적이 반드시 여러 곳에 복병하고 기다릴 것이니, 배를 많이 거느리고 나간다면 적이 우리를 알지 못할 까닭이 없고, 배를 적에 거느리고 가다가는 도리어 습격을 당하게 될 것이 자명한데도 무모하게 배를 움직여 실행할 것까지 없지요. 가등청정 잡으려다 함정에 빠지면 사직이 위태로워질 텐데 어쩔 텐가요. 또 요시라는 우리의 절충장군이란 높은 벼슬까지 가지고 있지만, 본시 왜적이니 그들을 위해서 우리에게 거짓 정보를 주었을 것이니, 잘 판단해야 합니다.

16.

절호의 기회를 잃으면 안 된다. 맞는 말이다. 그 정보가 거짓라면 기회가 아니라 함정이다. 한산도에 보내진 황신도 권률도 남이신도 기회를 강조했다. 리순신 죽이기에 앞장서는 줄도 모르고 다그쳤다. 요시라의 말을 빌려 바다 가운데로 나가 요격하라던 말을 거부했다, 정면으로. 신출귀몰한 꾀가 적군에게서 나와서 아군에게 득되었단 말은 없다. 최고의 기술은 태어난 본능이고 더 잘 만들어진 결과이고, 역시나 리순신의 휫손은 범부에게는 헤아릴 수 없는 영역이다.

늘 이겨도 또 이긴다는 법은 없고, 늘 져도 또 진다는 법도 없다. 몇 번의 실패는 성공해가는 과정일 뿐, 포기하지 않는 한 실패는 없고, 도전하는 끝에는 노력의 결실이 반드시 성공으로 나타나는 법. 옥포대첩에서부터 노량대

첩에 이르기까지 함께 살아있지 못하고 운명을 달리하여 먼저 전사한 장병들에게 명복을 빌며, 그 가족들에게 위로하며, 늘 고마운 생각뿐. 당신의 목숨이 바쳐지지 않았던들 남아있는 우리들에게 무슨 영광이 있으랴. 이 영광 모두 당신에게 바칩니다.

비 온 뒤에 땅 굳어지듯, 비 새는 배마다 그을린 연기로 뱃전 튼튼해지니, 지휘함 판옥선에 올라 파도치는 바다로 나가 바라보이는 바다는 넓기도 하여라. 아~, 이 바다 누가 지키랴. 한국을 구원할 사람은 반드시 한국을 바다의 나라로 일으키는 자이며, 한국을 바다에 우뚝 서는 나라로 고쳐 만드는 것이 한국을 구원하는 방법인데, 이 바다를 어떻게 할 것인가. 한국이여 어디로! 한국이여!

메밀꽃 피는 날

—대청 해전을 기리며

메밀꽃*이 피기까지
나의 여름이 더욱 뜨거워지도록
나의 봄을 여의기로 할래요.

메밀꽃이 피어나는 날
나의 여름이 훨훨 떨어져갈 때
나의 가을을 마중할래요.

빗살 사이로 새어나온 머리칼처럼
물보라에 빗기고 씻겨져 사라지듯
헬멧 끝자락 틈으로 송송 밴 땀방울
동짓달 어느 그 파도 일던 날에*
대청도 온 바다엔 잔잔한 물결 흔적조차
꽃송이처럼 피어나던 나의 꿈으로* 남았느니.

꽃은 지고 나면 그뿐
바람 따라 피는 메밀꽃
파도 속에 쓸려간 사랑까지
불꽃 4950 송이에 함께 띄워 보내노라.

메밀꽃 피는 날에는 마음 졸이며
하얀 겨울로 살아갈래요, 새봄을 그리며.

*메밀꽃 : 파도가 일어날 때 하얗게 생기는 물보라
*2009년 11월 10일 북한 상하이급 경비정 1척이 NLL을 침범하여 우리 고속정 참수리 4척이 물리친 대청해전이 있었던 날.
*이 시인이 1979년에 고속정 정장과 1981년에 27개월 동안 서해 대청도 · 연평도 고속정 편대장을 하였음.

목련, 봄을 흔들다

내가 그리던 하느님이라 늘
하늘 가까이 비행기로라도 오르면*
하느님이 덥석 마중 나올 줄 알았는데
어디로 가셨는고? 하느님은.

초계함 천안함이 두 동강나 침몰하여 104명 가운데 58명 구조 46명 아직 수색중이란 충격적인 슬픈 소식이 이른 아침을 깨운다. 간절히 기도하오니 모두모두 살아나오소서! 천하수안天下雖安 망전필위忘戰必危*라든 천안天安은 어디 가고 갑자기 왜 두 동강이 나겠나. 꼭두각시의 기습공격에 전혀 대응도 못해보고 꼴따시* 당한 것이렸다. 아! 이를 어쩌나! 침묵의 긍정은 의심을 잠재우고, 모두들 그런 이상동향은 없었다고만 말하니, 언저리 돌며 언구럭부리기로 작심한 모양이다. 그러는 까닭을 모르지 않지만, 비겁한 기습공격의 실체에 저 통킹만 사건은 이미 말난 유령幽靈이지고, 이 백령도 사건은 곡두는 아니니 씹어야 맛날 고긴*가 보다. 모든 애국의 영령英靈들은 잠드신가 보다, 첫 을야*부터. 깨어나소서! 몽따지 마소서! 남아 있는 부모형제 아내와 아들딸의 슬픔을 어찌하오리까. 이고 살 하늘은 이미 무너지고, 딛고 살 땅에는 벌써 아픔 고인

들판이라 인내는 기대어 살아갈 힘조차 버거운 낙타 등의 흔들거리는 짐이로구나. 몽따지 마소서! 영원히 잊지 마소서! 2010. 3. 26. 21:22.

아! 하느님은 어디서 무엇 하시는가요?
푸른 이파리 물리치고 맨 몸 가지에 아드득 매달리어
목련*, 하양 보라 빛깔로 누구를 맞이하려
꽃잎 한껏 아름드리 드러내어 궁따는가요?*

피어날 때의 아름다움이라면
떨어질 때도 아름다움을 주세요!
다시 피어날 그날을 위해 나는
오늘이 있기에 삶이 아름다웠느니.

*2010. 3. 27. 10:00 초등 동창생 21명이 관광하러 김해 출발 베트남 호치민행 항공기 VN971 타고서.
*天下雖安 忘戰必危 : 온 세상이 비록 안전하다고 할지라도 전쟁을 잊으면 반드시 위태로워진다.
*꼴따시 : '꼴답게' 의 경상도 사투리. 꼴답다 : 꼴이 보기에 흉하다.
*씹어야 맛날 고기 : 속담에 "말은 해야 맛이고, 고기는 씹어야 맛이다."는 말에서 온 말.
*을야 乙夜(21:00~23:00).
*목련 : 木蓮/木蘭/杜蘭/木筆이라고도 하는 Magnolia.
*궁따다 : 시치미를 떼고 딴소리를 하다.

제3부 고향 하늘 이야기

아버지의 유산

나의 아버지는 장가 밑천 서 마지기 논, 두 마지기 밭뿐이라,
우리 여섯 남매는 물려받을 것이 없어 하늘만 바라보았지,
가난했었지만, 나는 물려받은 것이 누구보다 많았다.

내 머슴 같은 시절에 아버지께서 틈틈이 그때그때 하신 말씀 :

삽질하기는 허리 숙인 만큼 힘이 덜 든다.
쟁기질하기는 1치만큼만 깊이 갈면 1마지기에 1섬을 더 거둔다.
못줄 잡기는 너무 넓다 생각들만큼 띄어라.
모내기는 한 포기에 서너 줄기로 심어라.
하나는 외롭고 다섯은 많다.
논 관리는 논배미를 둘러보라.
벼 한 포기 더 심으러 뒷논 언덕배기 파내지 마라.

논물 대기는 물꼬 트는 데로 물은 흘러간다.

높은 곳에서 대어 낮은 곳에 터라.

지게 손질하기는 멜빵과 등판은 두툼하고, 푹신하게 만들어라.

똥장군 지기는 반 바가지 정도만 덜 넣어라.*

가지치기에는 아깝다 생각될 만큼 잘라버려라.

거름 주기는 적게 주면 덜 자라지만, 많이 주면 겉자라거나 죽는다.

땅은 거짓말하지 않는다.

잔꾀 부리지 말라.

아버지께서는 대륙적 기질을 가지셨고, 그때그때 하신 말씀은

이 두 마디로서 나의 가장 훌륭한 재산 1호로 되었다.

* '반 바가지' 란 말에 거름하려고 남새밭에 져내는 똥장군을 반쯤 채워 가볍게 지고 가려다 일어서자부터 출렁거려 몇 발자국 떼지도 못하고 넘어뜨려 온통 똥물을 뒤집어쓴 적이 있다. 그때 아버지는 이 사실을 나중에 듣고서는 그냥 싱긋이 웃고만 계셨다.

어느 학생의 생활태도를 보며

1.
친절하고 예의 바르다
남의 일을 잘 도운다

2.
무게가 있고 모든 일에 안정성이 있다
학업에는 진취성이 있다

3.
대륙적 기질이 있고
자주성과 지도성이 있다

4.
학년마다 담임은 다르고 생활태도의 평가도 달랐어도
한마디로 '반듯하다' 하겠다.
이 학생을 본 선생님은 미래의 그 무엇을 보았던 걸까?
그런데 '대륙적 기질' 은 어떤 걸까?
나도 이런 학생 가르쳐봤으면……

수박막, 농부의 전설 되다

그때 그랬듯이 명절날이 오면 꼭
마산 시외버스터미널 매표소에서
좀은 서먹한 버스표 한 장을 사본다.

수박막요?!
약간은 설면한 느낌을 받으며
건네지는 버스표를 우빵*에 넣는다.

창원 소답 도계 고개 얼마쯤 지나
낯익은 길 위에 발 디딘 자리에는
수박도 수박막*도 이제는 없고
그런 이정표조차 흔적도 없다.
가난의 이정표야 처음부터 없었으니까.

용남로* 터놓은 새 동네 얼굴 앞에
오정가든 이름으로 오뚝 반겨주고
부동산중개소 이름으로 마중하는데
남산교회*는 터줏대감 자리에 앉아서
수박막 전설의 뒷방마누라 눈치만 본다.

누가 아랴! 내 어린 머슴시절 가꾸었던
과수원 감나무 복숭아나무 새 새 새
곡괭이로 수굼푸*로 그토록 쌕쌕대며
물 긷는 양동이만 한 구덩이 파내며
목줄에 단내가 나도록 깊어져야
똥거름 떠 넣고 보드라운 흙과 섞어 다져
까만 얼룩무늬 씨를 무덤처럼 심는다.

며칠을 지나 어느새 쏙 내밀며
제비새끼 부리처럼 싹이 새벽을 트고
땅 짚고 헤엄치어 기어가는 마디마디에
콩알만 한 수박 달고 나온 노랑꽃 피면
지푸라기 꾸겨서 똬리 틀어 받쳐준다.

달덩이 같은 어머니 젖퉁이 제키며
브래지어 줄 끝마다 봉곳이 달려 익어지면
아버지 청과시장 내러가는 돈 냄새나는 거
내가 심어 내가 우썩 훔쳐 먹어본다.

대컨 나는 늘 비뚤어진 작은놈을 잡아내어
주먹으로 툭 깨어보고 칼로 쓱 갈라도 보고
빨간 속살 속에 누르다 만 반쪽 병신 수박 먹어보며
내 신세 보듯 이마 땀 훔치며 따가운 하늘을 본다.

수박막요?!
아무렇지도 않게 말할 수 있는 버스표도
꼭 갈아타야 하는 꿈에나 그리는 고향 남산에는
벌써 시내버스에 그 전설 실어 보내버려
수박과 함께 사라지고 고속도로만 덩그렇다.

*우빵 : 윗옷 호주머니.
*수박막 : 동읍 남산리 국도변 버스 정류소.
*용남로 : 용전리 남산리 사람들이 옮겨와서 새로 만들어진 동네.
*남산교회 : 한국교회사에 나오는 오래된 작은 교회이며 1926년도 에 세워졌다고 함.
*수굼푸 : 삽.

고향에 가면

홍시가 밤별 쏟아내는 나뭇가지에 턱걸이한 채
땅의 반대쪽 하늘에 햇살이 비치면
반쯤 베어 먹은 자리가 벌써
입가에 흥건히 붉게 물든 홍시가 상처 잊은 채
집 나간 아이를 반기듯 동구 밖을 향해 올몽졸몽.

꽤나 이름난 거물 인사가 오랜만에 들르면
아! 니 왔나!
뻴쭘히 쳐다보며 그냥 가버린다. 밀짚모자 눌러쓰고.
어떤 꽤나 이름난 거물 인사가 오랜만에 들르면
아! 니 왔나!
입이 마르도록 키 쓴 코딱지 훔치던 얘기만 한다. 밀짚모자 눌러쓰고.
어떤 꽤나 이름난 거물 인사가 오랜만에 들르면
아! 니 왔나!
입이 마르도록 이웃마을 누구 자랑만 늘어놓는다. 밀짚모자 눌러쓰고.

트인 길, 열린 문을 지켜보는 동구 밖 고목 팽나무마저
고향에 한 일 따라 말씨 눈치 소문 달라지는
고향은 언제나 마음을 가장 숨김없이 여는 문.

사람마다 고향에 살리라 노래하듯 말해도
끝내 고향을 등지거나 잊고 살고 마는 것도
'아! 니 왔나!' 의 어감 때문에 서먹해진 탓 아니라
멀리서 그리워할 마지막 돌아갈 꿈의 의지처라.

진실 한 가닥

다 알고 왔데이, 고모님!
이 나이에, 이제 와서, 무슨 상관이랴!
마는, 그렇지는 않지요.

작달막한 키
종종걸음 치며
10년을 젊게 보이는 여든다섯
'야야, 왔나!'
반기는 뒤끝에
어느새 진부산* 얼안만큼 그늘이 보이는 건.

입 찢어질까봐 말 못해 하던
두대* 고모는
오래 전 어느 날에 그런 적이 있었던
어쭙잖은 일 하나 떠올리며
짐짓 몸서리치는데.

'그건 아니다! 한마디 끝내 꺼내지 않는
두대 고모는
살아온 정 때문에 뒷날을 걱정하며
발쇠하지 않아도
그 순간부터 짐작 가는 대로 확신이 서는 건
아! 무엇 때문이지?

*진부산 : 정병산의 다른 이름
*두대 : 창원시 두대동

댕가리, 하늘 위로 꿈꾸다

절터 오르는 두렁길 밭고랑 사이에서
맞버티고는 뭘 그리 겨루려고 섰는지
안개비로 낮아진 하늘도 높다고
삭히지 못한 분심을 알알이 쏟아
앙상스레 쌓은 한 많은 원망도
한 줄기에 엉거주춤 매달고는
영광의 세월 흐름 잊고 초라히 서서
갈마〔業〕 한 포기 이어갈 그
댕가리*, 하늘 위로 꿈꾼다.

벼락 치는 하늘도 속이는 겨울이 싫어
봄날도 늦을세라 서두르는 길봇짐 :

안락 병상에 어쩔 수 없이 드러누운, 간병인 얼굴마저도 밝음이 별 없는 이웃 몇몇 병상에도 그렇듯이, 산소호흡기에 명줄을 걸어놓고, 벗은 듯 걸친 옷자락에 걸린 아랫도리 추스를 힘도 없는 야위어질 게 없는 몸뚱아리를 버려두고, 삑삑삑 전자기계 소리 담아, 맥박 호흡 혈압 체온을 몇 푼짜리 계기판에 올려놓고, 세상을 관조하는 마지막 순간의 기나긴 지루하고도 너무 빠른 듯, 한 모금 숨조차 몰아쉬기도 태산을 오르는 것보다도 더 가빠져가는 순간의 단말마를 눈앞에 두고서도 아직은 목숨은 천금같이 붙어 있기에. 아! 그래서 끊을 수 없는 끈질긴 지긋지긋한 참 모진 삶의 숨결. 나의 외면하고픈 충동도 뜨거운 감자 입에 물고 뱉지 않는 그 욕심의 허울에 빠져 삶의 뿌리를 거꾸로 세운 가냘픈 그 모습의 역성 든 앙탈이 너무 싫었다 너무. 우리의 고픈 날들 참고 견딘 고생 끝에 이 화려하고도 자랑스러운 인생을 이토록 역정에 짜증스럽고 이토록 똥장군 터져 날벼락을 맞는 마음을 고운 인연의 끝자락에서 나는 나는 끊지 않을 수 없다. 아~ 어느 날 훽 떠나면 그만인 것을.

삭은 바자 구멍에 노란 개 주둥이
세마치 장단에 드나들던 바자울 무너지고
서 마지기 논, 두 마지기 밭에서
땀방울로 막걸리 빚어내어 일구며
허기진 배알 불린 허리 펴가던 젊은 날도
한평생 서산마루에 걸린 해거름이면

해각解角 안고, 질매* 무거워 소 드러눕다.

—2010. 2. 27 삼성병원에서 정다운병원으로 모친 옮긴 날에

*댕가리: 씨가 달린 채 말려진 무나 배추 등의 꽃줄기.

*질매 : 길마의 사투리.

행로行路, 개미떼 군중 속을 걷다

함정, 발로 밀어낸 개미지옥
몸 숨겨 바라보는 그 하늘 위
바싹 압박하며 다가오는 발자국 소리에
짓이겨질 몸통의 소름 끼치는 공포 참으며
잽싸게 명주잠자리 유충이 낚아채다.

뒤돌아볼 겨를도 없이 달려온 길
지나온 나날들이 겹쳐져 보이는 행군
쓰러진 고목 위에 더 벗어나지도 않는
전차 선로를 내며 더듬어 딛는 발길이
후회는 늦어버린 내 차례에 서서
드렁칡에 얽은 오만과 독설과 편견과 패악들.

장송곡도 없이 통곡 소리도 외면하는
정다운 2호실 복도에 조화 조기 근조 명복 비는
행군의 끝 저편에 총성 없는 전쟁이
보일 듯이 어렴풋이 쌀쌀한 불안의 바다
나도 가고 있는 그 길 속에
눈치, 끝도 없는 조문객들의 물결.

—2010. 3. 2. 정다운 장례예식장 모친상 문상객 맞으며

초우, 슬픔 묻어 보내다

냉이 잎 물오르면
잔디 잎 되살아나
억새도 잎새 꿈틀댈 테지.

새벽보다 이르지 않은 시각이 다가와
입혔던 하얀 수의 위에 물결무늬로 동여매어
안녕이란 말 아끼고 감춘 눈물 삼키다 꼭꼭.

장사지내는 양지바른 뒷산 선영
무덤 판 땅바닥 깊이 낮은 곳에
새벽은 저승꽃으로 봄기운에 돋아나리라.

풀잎에 내린 눈물 같은 이슬방울들
초우初虞, 는개 데리고 온 가랑비마저
하관下棺에 흙 뿌려 다지는 명복冥福으로 빌다.

—2010. 3. 3. 장사치며 초우지낸 날에

재우, 가랑비 입술 맞추다

태양을 가린 대낮은
는질거리는 가랑비로 어둑한 길 위에
비트는 누에 지친 듯 몸 허우적대더니
마침내 실 토하여 고치 틀다.

향불도 꺼진 이른 아침 향 사르고
유일 계축의 재우*상에 올려보는 한 잔 술
그냥 떠나고 나면 그만인 것을
찾아줄 그 뱃속 피받은 놈도 없는 자리.

몰래 눈물 훔치는 인생 참 그리도 모질게
재우*, 얇은 입술 놀린 평생 뒤끝에
남은 건 오해 갈등 불신 불화 욕지거리
천륜天倫 끊었다는 인륜人倫인들 그런 도리야
하늘이여! 비로 내려 모두 씻어 가소서.

—2010. 3. 4. 모친상 재우날에 가랑비 맞으며

*재우再虞 : 장사를 지낸 뒤에 두 번째로 지내는 제사.
*재우 : 매우 재게. 재다 : 입을 가볍게 놀리다

삼우, 익손益損의 어름에서

전혀 벗고 싶지도 않은
오미 진땅에 내던져 덧씌워진
오명과 누명 난무한 헛것들.

마땅히 풀고 가야 할 야수의 원망 남겨두고
한 그릇 대야에 밥 비벼 풀포기로 키우며
미운 정도 나눠 먹자던 여섯 쌍 수저의 우애
이젠 불러도 대답 없는 오매!
차라리 제 밥그릇 제 몫으로 꼭꼭 다짐받았으면
삼일장 한밤중에 판가름 이별의 셈은 없었을까?

정직 성실 견문 넓은 삼익三益된 놈의
삼일우三日雨는 불효자의 눈물일까?
편벽便辟 선유善柔 편녕便佞의 삼손三損되는 놈의
삼일곡三日哭은 효자들의 통곡될까?

구름은 오늘도 비 머금은 안개 되어
낭게 우듬지 휘휘 쓰다듬고
풀줄기 가슴 연 품 안으로 기어드누나.

자고 나면 깨어날 경칩이라
뒤늦은 풀쳐생각* 젖어보니
그나마 하차묵지않는 듯하여
삼우제三虞祭*에 혼백 묻고 해상解喪하며
하염없이 업숭이로 나무래본다.

—2010. 3. 5 모친상 삼우젯날에 안개비 맞으며

*풀쳐생각 : 맺혔던 생각을 풀고 스스로 위로함.
*삼우三虞 : 장사 치르고 나서 유일柔日 즉 乙/丁/己/辛/癸의 날에 해당되는 날짜에 맞추어 제사 지내고, 강일剛日 즉 甲/丙/戊/庚/壬의 날짜에 복인이 모두 산소에 다녀온다.

꽃눈, 몸속을 걷다

하늘도 때로는 무거운 짐이면
넌지시 소리 없이 밤새 내려놓는다.

태양을 업은 구름
몸 낮춘 그 응결 송이 조각을
하늘거리며 얼굴에 스치면
그 하늘 안고 가던 번뇌의 봇짐
꽃눈으로 오네.

잎새 떨군 헐벗은 감나무 옻나무 가지에
고고히 푸른 잎새의 소나무 대나무에도
고통의 꿰맴 없이 하나로 엮은
고름 동정 없이 하얀 옷 입혀 놓은
이 남 국에도 한결같이 백의의 나라.

꽃눈, 높고 낮은 산과 들 논밭 구릉 가시덤불
짙고 옅은 빨강 파랑 노랑 하양 까망 보라 초록빛
크고 작은 뾰족 둥근 모난 것들 가리지 않고
내린 곳마다 은하수 끌어다 수놓은 선녀의 옷으로
말없이 고이 덮어 한 가지로 만들다.

해야, 솟지 마라!
다람쥐야, 오르지 마라!
까마귀야, 너도 날지 마라!
나는야 하나 된 이날이 좋아라.

하늘은 하얀색이라
하얀 꽃눈, 몸속을 파고들며 만지면
가슴은 어느새 물든 하얀 꽃 피는
고향을 걷는다.

—2010. 3. 10. 아침 첫눈 맞은 진해에서

제4부 진실의 바다에서

길

나무와 나무 사이
바위와 바위 사이
나무와 바위 사이
그 사이로 길 따라 사람이 간다.

하늘에서 흩뿌린 눈
소복보다 단아한 땅
그 하얀 눈 위로 황구*가 간다.

누군가 지나갈 때 그것이 길이 되고
아무도 지나가지 않을 때엔
나무와 바위와 눈으로 가만히 그 자리는 빈다.

그 길 따라 그가 올 때
나는 비로소
그것이 길임을 안다.
하루에도 몇 번씩 그가 오기를
기다리다 내가 간다.

*황구 : 黃狗〔누렁이〕/ 黃耉〔늙은이〕/ 黃口〔어린아이〕

가야 할 길이라면

길이라면
어디든 갈 수 있겠지.

가야 할 길이라면
갈 수밖에 없을 테지.

그 길을 두고두고
가지 않는다면, 못 간다면
두고두고 후회하지 않을까.

길이 있기에
나는 그 길을 따라가련다
누군가 만들어놓은 길이든
내가 만든 길이든.

그녀가 올까?

그녀가 오면
나는 맞이하리라
맨발로 뛰어나가
얼싸 안아주리라.

그녀가 생각하는 모든 것을
나는 맞이하리라
가슴을 활짝 열고
뜨겁게 안아주리라.

그녀가 바꾼 생각이 무엇이든
나는 맞이하리라
그렇게 살아왔던 사실(事實/ 史實/ 思失)들이기에
그냥 함께 살자 말하리라.

마냥 즐거워할 미래를 꿈꾸며
소지小知의 소년小年이 대지大志의 대년大年을 깨달을 날을 기다리며
나는 그날을 반드시 기념하리라
그녀가 오면.

잔디의 진실

얼굴은 노랑나비처럼 창백하다.
손은 바나나보다 더욱 차갑다.
그래서 온몸은 미라처럼 딱딱하다.

살고 싶다.
가뭄도 겨울도 무서워
그래서 은하수처럼 놋다리 밟는다.

어느 누구도 죽었다는 사실에서
물올라 되살아난다는 생존본능을
아무도 알아주지 않아 죽은 체한다.

살아 있다
따사한 봄이 느껴워서
힘이 솟아 별처럼 날개 벌려 본다.

잔디잎은 되살아난다

아무도 알아주지 않는다
누구도 겨울이면 죽는다고 알고 있다
모두들 생명이 없다고들 한다
그 난지형 한국 잔디가.

그런데 나는 보았다
3년을 넘게 관찰하였다
옛날 봄이면 삐비라는 이름의 풀꽃송이를
뽑아 빼어서 씹으면 달짝지근한 맛으로
한때 굶주림을 때우기도 했던 잔디.

잔디는 종류도 많지만
대한민국 땅에 옛날부터 자라던 그 잔디가
뼈와 마음을 녹이는 삐비의 이야기가 있다.

나는 죽은 줄로만 알았는데
이제 그 하나에 속속들이 찾아서 알고 보니
겨울은 단지 새로운 삶으로 시간을 보낼 뿐
끈질긴 생명의 끈으로 살아남으며
봄이면 진통을 다시 느끼며, 검붉은 빛을 내보이다
마침내 파릇파릇한 풀잎으로 되살아난다.

잔디를 전문으로 연구하는 사람들도
잔디잎은 죽은 것이라고
생명을 잃은 것이라고
그래서 태워서 거름이 되게 한다고들 한다.

그러나 진짜 잔디잎은 색깔만 다를 뿐
사철 내내 죽지 않고 살아 있다.
앞으로도 그렇게 살아갈 것이다.
잔디에게 불을 피우지 말라!
잔디의 살아가는 법을 배워라!

잔디의 가까운 친구는 억새풀이다
화왕산 봉우리가 억새풀로 가득 찰 때
그 억새풀잎도 겨울을 잔디처럼 살다가
봄이면 그대로 새파랗게 되살아난나는 사실!
그것이 진실이더라
그것이 사실이더라
나는 그것을 보았노라.

—2003. 5. 22. 한국잔디연구소 수석연구원에게
그 잘못을 지적하고 확인을 마치면서

어느 나라의 이상한 전설

화왕산
억새풀 태우면 풍년이 든다고
언제부턴가
만들어낸 것이 전설이 되고.

정월 보름을 대보름이라 하여
달집태우기라면서
달 뜨는 시간에 쥐불놀이 폭죽놀이로도
소원을 빌면
이루어진다는 전설을 만들어내고.

지폐 한 장을 태우며
달을 보며 중얼중얼 소원 빌면
언젠가
현실로 나타난다는 전설을 만들어내어.

사람들은 자기가 죽을지도
모르고 모르고
태우고 태우고
이상한 전설 속에서.

억새풀은 겨울을 이겨내어 되살아나는데
보름은 보름일 뿐 달마다 찾아오는데
그 지폐 한 장이라도 경제활동의 수단이 되어야지
태우고 태워 뭘 바라는 건지
그래서 죽고 마는 서글픈 인생이 되고 마는 전설이 되었다.

배운 것이 그뿐이라
태워야 하나보다 태워야 하나보다
잘못 배운 그 부끄러움을 태워야지.

5월이 온 첫날에

5월이 오면
바다를 보며 옛날에 불렀던 노래를
한껏 부르리라 생각했다.

그 옛날 37년 전의 옥포만에서
그 한겨울 바닷물 얼음을 맨몸으로 녹이며
눈물로 바다를 얼렸던 그날의 꿈을
미래의 이야기로 엮었었는데.

5월이 온 첫날에 나는 아내와 함께
환갑을 1년 남긴 지금에 와서 친한 두 친구끼리
옥포만 교장 자리를 주고받는 날의
축하객이 되어 그 옥포만을 보았다.

그 푸른 옥포만은 그대로인데
귀밑머리도 정수리까지도
5월의 그 푸른 꿈을 안고
모두들 하얗게 하얗게 가고 있다.

포도, 안성마춤에 웃다

Ⅰ.

페테르부르크에 학생반란 나던 그때에
몹시 심한 한해旱害로 방곡령防穀令을 내렸던 그때에*
이 땅 허리쯤 삼남으로 통하는 길목 안성安城에 포도를 심었다네.

안토니오 공베르*는 선교를 위해 구포동 성당 구내에다
검붉은 빛의 포도 마스캇, 블랙 함부르크*를 심어
삼십 년 동안 안성 지역에 헌신봉사하여 안성포도라 했다네.

그래서 이름난 안성포도는 제 이름값도 하고
삼덕포도원*에 이어 이제는 논산에도 영천에도 최고요
영동에도 김천에도 못지않은 와인 생산지로도 이름났지.

Ⅱ.

태조 리성계는 목이 마를 적마다 수정포도*를 먹었지.
세종대왕은 가슴이 답답할 적마다 수정포도를 먹었지.
연산군은 심심하면 민가에서 마유포도*를 구하여 먹었다지.
그 마유포도를 술로 빚은 록주綠酒는 향기롭고도 맛나지.

하얀 것, 푸른 것, 검붉은 빛이 있는 백포도 청포도 자포도
모래와 자갈에 물이 많은* 토양에서 알맞게 자라나
작은 알이 총총히 140개나 달린 송이의 쇄쇄포도瑣瑣葡萄
큰알 작은알 함께 입맞춤하고 있는 송이 공령손公領孫 포도.

그 포도 원산지는 코커서스 남쪽 페르시아요 시라즈*의 생명주이지
소아시아를 건너 유럽으로 아메리카로 떠나간 여행에서
지구를 돌아온 한반도에 미국 포도가 건너와 늦둥이로
고향 남산 양달 기슭에도 군사혁명과 함께 삶의 씨로 자랐지.

Ⅲ.

이삼월에 왕성한 줄기를 덩굴에서 떼어내
무우나 순무에 꽂았다가 땅에 꺾꽂이하여 칠팔월이면
계산기정薊山紀程 산림경제山林經濟에 실린 대로
서역西域에서 난 서역 포도
회회국回回國에서 난 회회 포도
대완국大宛國에서 난 대완 포도
투르판 카라호자에 말젖꼭지 닮은 타원의 마유포도

사국공史國公 포도주 맛보는 조선 선비들의 맛자랑도
설손 설장수의 고향에서나 있었던 일들이지.
고성현固城縣 포도섬葡萄島에는 온통 포도밭 목장이라
시고도 단맛을 담은 입속의 진액에 목을 담그고
고향마다 자지러지게 전설이 열리고 사랑도 영근다.

*이 두 사건은 모두 1901년의 일이다.

*Antonio Gombert(1875~1950) : 프랑스 신부이며, 파리 외방선교회 선교사로서 한국에 와서 이름을 공안국孔安國이라 했고, 유럽의 포도 씨를 품 안에 안고 안성에 들어와서 1901년 2월에 32그루를 심어 2종만 살아남아 미사용 포도주를 만들었으며, 1932년까지 안성 지역에서 헌신하였다. 안성 포도를 안토니오 포도, 공안국 포도라고도 한다.

*Muscat 및 Black Hamburg : 포도 종류. 흑자색 포도이며, 9월 상순과 중순에 수확된다.

*삼덕포도원은 1925년에 이루어졌다.

*수정포도 : 水精葡萄, 水晶葡萄로도 쓰며, 하얀 보석같이 생겨 붙여진 이름.

*마유포도馬乳葡萄 : 말의 젖꼭지를 닮아 붙여진 검붉은[紫色] 포도 이름.

*포도에 알맞은 토양이 고온건조한 기후에 북방의 사석수상沙石水上이다.

*시라즈Shiraz : 페르시아 만의 북쪽, 이란고원의 서쪽에 있는 파르스Fars 주의 큰 도시(북위 29.5° 동경 51.4°). 이 지방의 포도주를 생명주라고도 한다.

두음법칙, 바보들의 행진

한자음 첫소리로 나는
녀 뇨 뉴 니,
랴 려 례 료 류 리,
라 래 로 뢰 루 르는
제 소리값을 잃고 얼치기로 산다. 우리는.

같은 글자이면서 '樂' 은
'樂語' 가 음악을 다룬 말이면 〔악어〕라는데,
곡조에 맞춘 오락의 말이면 〔낙어〕인가? 〔락어〕이지.
즐기는 오락娛樂이면서 '樂樂' 이 〔낙락〕인가? 〔락락〕이지.
물이 좋아 '樂水' 〔요수〕라면, 산을 즐기니 '樂山' 〔락산〕이라면 틀리는가?

'歐' 가 본디 〔우〕라 해서 〔구〕로 고쳐 부르듯 하지도 못하는 까닭은 '弄' 〔롱〕을 중국인은 아예 〔농〕으로도 해도 또 그렇게는 고쳐 부르지도 않으면서 이상하게도 '樂園' 〔락원〕을 〔낙원〕으로 할지라도 '喜樂' 은 〔희락〕이고, 같은 글자를 겹쳐 써서 '喜喜樂樂' 은 〔희희낙락〕이라 하고, '龍顔' 〔룡안〕을 〔용안〕으로 하니 '登龍' 〔등용〕 '雙龍' 〔쌍용〕과 '海龍' 〔해룡〕 '九龍' 〔구룡〕으로 서로 옳다 날뛰며 싸우니, 받아쓰기 만점은 하늘의 별따기보다도 어렵겠다! 절대로.

그 맞춤법 제10항 제11항 제12항을 하나로 묶어 한자 소리대로 적는다고 하고 나면, 그에 따른 사족의 '다만' 3개와 '붙임' 11개가 없어지는 아주 쉬운 법 되는 법. 아~ 《훈민정음》의 '바른 소리'는 어디로 갔는가.

한 핏줄이면서 중국과 우리 북쪽과 남쪽에서 한곳에 서로 만나

한자로는 '李'로 쓰면서 '리'씨와 '이'씨가 눈물짓고

처음부터 죽도록 '오얏〔리〕'로 배웠으면서

'李杜'는 〔이두〕라면 '桃李'〔도리〕는 무엇이며,

'랄랄라 릴릴리'나, '行李'는 〔행리〕라니 못할 발음도 아니거니와.

radio가 한때 〔나지오〕〔나디오〕라든 〔라디오〕로

알파벳 첫소리로 나는

la, le, li, lo, lu도 ra, re, ri, ro, ru도

비록 제 소리값은 아닐지라도 라 레 리 로 루로 잘도 말한다.

갖잖은 법으로 법치를 말하니 선무당이 사람만 잡누나!
평생을 공부하고 글을 써도 제대로 맞춤법을 모르는 나라
문맹률이 가장 낮다지만, 받아쓰기 평균 30점도 높은 나라
二乘 尼僧 理勝 離昇을 모두 〔이승〕이라 읽으면
천자문 외우면서 익힌 〔이〕〔니〕〔리〕의 원음은 간 곳이 없고
정작 '이승' 마저 〔이〕와 벌레 '이' 〔蝨〕까지도 같은 글자와 소리로 되니,
왜 우리가 혼돈과 미궁의 두음법칙에 갇혀 살아야 하지?!
그렇게 살아야 하는지 생각조차 할 수 없는 풍습 때문인가?
아랫입술과 턱 사이에 구멍을 낸 조Jaw 부족의
수염 모양의 하얀 나무 조각도, 둥그런 도기 접시를 끼운 것도
침을 질질 흘리며 입이 두 개처럼 보이는
그 구멍이 최고의 미인이란 전통 문화라면
두음법칙은 단지 바보들의 행진으로 몰고 가는 슬픈 추

억일 뿐.

소리되기는 발음의 문제요
소리적기는 표기의 문제요
발음과 표기를 구분 못한 과거의 슬픈 추억은
항다반恒茶飯으로 모두들 그냥 넘어가버리니
어떤 소리도 나타낼 수 있다던 《훈민정음》은 말뿐이고,
높고 낮은 소리 길고 짧은 소리 입술 가벼운 소리도
마음대로 기득권이란 허울에서 잘리고 짓밟혀 놀고 있으니
이제 제 소리값대로 한자에게도 알파벳처럼 자유를 주자.
똑똑한 체 말고 본래의 《훈민정음》대로 살려 지키자.

사람들의 이중구조적 생각에 대하여

1. 주류

힘이 있다

여론을 주도한다

돈줄과 함께 산다

동조세력이 많다

과학을 빙자한 실증사학을 방법으로 접근하며

논리에 현실을 강조한다

비주류를 학문이 아니라고 비하하거나

거의 무대응으로 일관한다

대응할 때에는 당사자에게는 질문하지도 답변하지도 않는다

현재의 전통과 상식에 중점을 둔다

한반도에 맞지 않는 사료는 배제하고,

한반도에 어울리는 것만 채택한다

이들은 분명 주류이며

강단학자이며, 대개 식민사학을 답습하며 오만과 자신감에 넘쳐 있다

2. 비주류

힘이 없다

여론에서 무시당한다

지원받는 돈이 없다

동조세력이 거의 없다.

과학을 빙자한 민족중심, 종교적 색채가 짙기도 하고,

진실추구를 강조한다

주류를 식민사학이라고 비하하거나 공격적 발언을 서슴지 않는다

물론 당사자에게 직접 질문과 답변을 요구하기도 한다

상식을 초월하여 합리성을 강조하면서 논리적 비약이 심하다

한반도에 맞지 않는 사료를 채택하고.

한반도에 어울리는 것은 유보한다

이들은 분명 비주류이며

재야학자이며, 대개 민족사관을 추구하며, 이상한 자신감에 넘쳐 있다

3. 사람들의 생각

사람에겐 생각이 있다
세상엔 진실과 거짓이 있다
력사에는 거짓으로 진실을 꾸민 사실이 있다
사람은 생각한다
그 생각으로 학문을 추구한다
누구를 위한, 무엇을 위한 학문인가?
주류의 생각과 비주류의 생각을 진실에다 초점을 맞춘다면
거짓을 말한 사람의 생각과 행위와 더불어
그 진실의 뿌리를 찾아낼 수 있다
조선의 력사라면, 한반도의 것이든,
아시아의 것이든, 그것이 조선일 것이다
나는 사람들의 생각마다 그 진실의 조선을 찾기를 바란다.

파로노마지Paronomasie

우리는 참 말을 잘하는 것 같다.

도무지 알아들을 수도 없는 콩볶듯 혼잣말의 노래도 유행하기도 하고, 어깨춤이 없어지더니 부담없이 흔들든 막춤마저 이제는 어른 아이 할 것 없이 아슬아슬한 가림으로 몸은 비비꼬며 튕기며 색광을 유혹하는 듯 세상을 비틀고, 하늘을 밟으며 눈을 비틀고. 아! 소돔과 고모라가 저만치 마구 놀고 있다.

우리가 하는 말들이 무슨 말인지 잘 알 것도 같은데, 정말 잘 알고 사용하는지 의심이 갈 때가 많다. 특히 애완동물들을 키우는 사람들의 언어는 과연 개밥그릇 핥는 탈쓴 사람 분명하다. 그 애완동물들의 부모다. 마치 애완견의 경우는 그 애완견의 주인은 없어지고 그 동물의 아버지나, 어머니가 되어버린 것이 아닌지 매우 걱정이 된다. 아무리 착각은 자유라지만.

좋고 예쁜 이름 붙여주는 것이야 이름의 성격이 그러니 문제될 것은 전혀 없다.

그러나 그 동물더러 새끼가 아니고 아기라고 말하고, 아예 아무에게나 새끼뿐이고, 그 동물에 대해 자기가 엄마 아빠라고도 말하지 않던가?

참으로 해괴한 일이로다. 사람이 짐승의 어버이가 되는

꼴이니! 해괴한 일이로다. 사람이 짐승을 낳았나보다. 아마도 DNA든 RNA든 유전인자가 98% 이상이 인간과 침팬지니 고릴라니 류인원이 서로 같다는 말에 혹시 많은 동물들도 아예 동종으로나 생각하는 것은 아닌지.

그래서 사람에게는 대가리라고 쓰더니, 그 짐승에게는 머리라고 말하고, 사람들에게는 주둥이 아가리라고 쓰더니, 그 짐승에게는 입이라고 하고, 그 짐승에게는 다리라고 말하더니, 자기 가족들에게는 족발이니 달가지니 더러는 발목댕이라고 말하고, 그 짐승에게는 손이라더니, 제 가족에게는 손목대기라고 말하고, 왜 이렇게 숱한 말이 짐승과 사람 사이를 혼돈시켜버렸는가? 아예 잘못 인식하고 있는 건가?

이러다간 사람이 짐승 되지 않을까? 두려워진다. 사랑이 깊어 짐승병이 되었는가. 짐승들은 그들의 언어로만 쓰는데, 사람들은 왜들 이러지? 그래서 자신도 모르는 사이에 고귀한 인간성을 망각하고 사람이 사람을 납치하여 죽이고, 토막내어 죽이고, 몇 명이나 죽이고도 뉘우침이 없는 모습을 보이는 것이 아닐까? 말장난이라도 그렇지 할 말이 있고 해서는 안 될 말이 있거늘, 언어를 품격에 맞게 제대로 사용하면 좋겠다. 짐승들의 신분을 격상시키는 것도 아니면서, 눈물을 짜면서도 버리기는 왜 하며, 비좁은 칸칸이 속의 육우 육돈 육계는 미친다. 미친 개처럼. 짐승들의 자유를 구속하고, 자유공간을 빼앗고서는 그게 자연보호니, 동물애호니, 캠페인이나 벌이는 건지, 어디 비슷한 말을 잇는 놀이도 아니고, 도대체 이게 이게 뭐람!

정기를 받고 태어난 아이

세상에 태어나는 아이마다
운명을 말하고
운명을 점치고
미래를 말한다.

영웅은 죽어서 말한다는데
살아서 말하는 사람은 영웅은 못 돼도
그래도 자랑거리는 만들어
오늘을 말한다.

태백산 줄기 끝자락 정기를 타고나서
구룡산 정기를 이어받고
정병산 정기를 듬뿍 받고
무학산 정기를 가득 받아
바다로 나가는 길을 걸었다.

그 터전엔 천자봉이 뻗어 있어
더없는 정기를 태양을 안고 받아
쉰 살의 정년을 맞고 이어서
예순 살의 정년을 맞고 이어서

같은 일을, 하고 싶은 일을 하는
정년 없는 가르치는 인생이러라.

부모구존 않고, 형제무고 않으니 일락一樂이 없고,
우러러 하늘에 부끄럼 없고
굽어 땅에 부끄럼 없을 이락二樂은 없을지라도
그래도 천하의 영재를 가르치니
이보다 더 큰 즐거움이 또 어디 있으랴!

그 정기는 하늘이 주었으되
일은 사람이 하는 것이고
성공은 진실한 노력의 축적에서 나타난 결과라
나무 아래 입 벌린다고 홍시인들 내 것 되랴
오르고 올라보면 오르는 재미에 올라가는 멋도
그 정기를 타고났다며 말하는 법이라네.

창덕 중학

꿈이여, 펼쳐다오!
정병산 정기 서려 뻗어내린 곳.

신이시여, 도와주소서!
은빛 가루 뿌린 밤하늘의 별처럼
내 가슴에 품은 희망이 펼쳐지게 하소서!

떨치는 능력을
곱디고운 인품을
아름다운 사랑을
기쁘고 즐거운 행복을
그 창덕昌德을 온몸에 담으리라.
온누리에 은혜 베풀 인재 키우는 보금자리에서.

나의 꿈을 영글게 한 이 터전!
어제를 거울삼고
힘든 오늘을 발판 삼아
내일은 세계에 우뚝 서리라!
미래는 우리의 꿈이 살아 있을 터전!

—2010. 2. 9. 모교 출신 명사특강에 바치며

산다는 것에 대하여

봄, 여름, 가을, 겨울
철을 바꾸는 시간이 있어야
그 시간에서 살아가는 게 삶일 테지.

철은 바뀔 뿐 변함이 없으나
생물은 한결같이 목숨이 있어
그 시간에서 죽어가는 게 삶일 테지.

살아가는 것 그 자체가 끝내
어김없이 죽어가는 과정의 연속에서
자신을 영글게 하는 노력일 테지.

노력의 집합들이
잔주름으로 남겨진 경력으로 남을진대
이마에서부터 턱밑까지
내 얼굴엔 칼끝 하나 바늘 끝 하나도 손대지 말지어다.

나의 경력 그 주름을 없애는 것은
나의 인생을 지우는 것이려니
나는 그 잔주름을 안고 가련다
자랑하며 고이고이.

다비茶毘, 온몸을 차삐따

차삐따Jhapita*!
오르고 오르면 못 오를 리 없건마는
오르지 않으려 해도 올라야 하는 마지막 순간
참나무든, 향나무든, 전단나무든, 녹나무이든,
동산처럼 기다란 장작 그 더미의 꼭대기에
반듯하게 드러누워 깊은 명상에 잠긴 듯
저 하늘을 나직이 뚫어지게 바라보는 듯
눈 감고 입 다물고 귀 닫고 숨 멈추고서
한 자락 한 벌 옷으로 영원을 태워 감추네.

무엇인가를 갖는다는 것은 다른 한편 무엇인가에 얽매이는 것
그러므로 많이 갖고 있다는 것은 그만큼 많이 얽혀 있다며
조금 아쉬운 듯이 가지는 삶을 외친 무소유 !

법정法頂*, 살아 있는 파충류 화석 투아타라*처럼
아무도 가지지 않고 사는 이 없건마는
소유할 수밖에 없는 본능에 맞서서
평생토록 무소 뿔처럼 나아가더니
말릴 수 없는 운명의 그네줄 타다 손놓다.

한 점 불씨에 활활 타오르는 불길 속에
풍경 홍진 순수 고독 갈등 영화까지
눈물까지 아낀 아쉬운 이별로 남겨둔 채
불타는 사랑, 남겨놓은 사랑마저
흔적마저 내던져 태우려 내맡긴 온몸 !
불같이 살고파 불길 속에 사라지며
하늘로 치솟는 뜨거운 불길 높이 위로
한 송이 민들레꽃 하얀 깃털 씨 되어
감사의 마음 담아 바람결에 날려 퍼지며
노을 속에 훨훨 인생 마감하다.

*Jhapita : 산스크리트〔梵語〕로 '불에 태우다' 의 뜻이다. 한자로 음역을 闍鼻多/ 闍毘/ 闍維/茶毘라 쓴다. '闍' 는 〔도〕로도 읽지만, '불에 태우다' 의 뜻으로는 〔사〕로 읽는다. 그래서 '茶毘' 의 '茶' 는 〔차〕로 읽어야 옳다. 〔다비〕는 틀린 말이다.

*법정 : 속명 박재철. 승려, 수필가. 1932. 10. 8. 전남 해남 출생. 2010. 3. 11 서울 성북구 길상사에서 입적하고, 3월 13일 전남 순천 송광사에서 차삐따 의식을 치르다.

*투아타라Tuatara : 뉴질랜드에 가장 오래된 파충류 옛 도마뱀이며, 마오리어로 '가시 돋친 등' 의 뜻을 가졌는데, 이구아나와도 비슷하게 생겼다.

주름, 진정한 아름다움의 흔적

거울을 보면
이마의 주름은 세월만큼의 사막보다 진하여
눈 감으면
잔주름은 머릿속에서 자꾸만 거미줄 친다.

겨울이 지나니
꽃망울 망울마다
불거져 터져 나오면서
주름 없는 것이 없어요!!! 봉오리마다에는.

그래서 꽃이 되면 그토록 아름다워지나 봅니다.

자랑이란

깊수욱히 자루 안에 잠재우듯 넣어둔
누구도 모르게 호올로 숨겨진
뾰족해 날카로운 강렬한 힘 있으니
더 이상 감출 수 없어 불거져 나와 버리는.

그냥 피해버리는, 무서워서 아니라네.
손맛으로, 입맛으로 구겨 넣은 뱃속 것을
두어 시간 지나 발효된 것을 곳곳에 공급된
풍기는 냄새만으로도 누구나 알아버리는.

귓속말도 해버리면 비밀이라 이를까?
뽐내고나버리면 쑥스러운 얼굴일 뿐
나올 듯 나올 듯 끝내 기다리며 숨겨놓은.

꿈, 자은의 비문

나의 젊음은 제한된 정신적 신체적 활동 속에서도
좁다란 공간에서 자유로운 상상력의 한계를 넘어
'나는 세상을 변화시키겠다' 는 꿈을 가졌었지.

'죽을 준비가 되었을 때 죽으리라' 고
나의 서른에 이 지혜의 다짐을 가슴에 새기면서
나는 알았다. 바다마저 세상은 변하지 않는 것이라고.

그래서 시선을 한곳에 집중한 초점 위에서
내가 살고 있는 나라의 뿌리를 옮겨놓기로 결심했다.
그러나 나이 마흔으로서는 지식의 층이 엷어 불가능하였지.

바다의 꿈도, 황야의 꿈도, 나이가 쉰이 되었을 때에야
마지막으로 그런 꿈을 함께 이룰 수 있는 길은
나의 가족을 변화시키려고 마음을 먹었다.
그러나 누구도 아무것도 달라지지 않았다.

이제 예순을 넘기는 길목에 서서야 깨달았다.
나 자신부터 못난 점을 드러내고서 좀 더 먼저
변화시켰더라면

그것을 본 나의 가족은 더 큰 용기를 얻었을 것을.

또한 그 용기를 얻은 나비의 날갯짓이 태풍을 일으켰을지를
내 나라를 아시아 그 넓은 본디 조선으로 바꿀 수 있었을지를

그러나 앞으론 누가 알겠는가
그 꿈의 흔적이 이 세상 사람들까지도 변화될지를 …
그것을 기다리면서 잔잔한 숨결을 가다듬어본다.

쓰임의 바다

잡귀신 물러간 자리의 소금처럼
메밀꽃*이 하얀 가을을 인 듯
세종대왕함 이물에서 갈라져 밀려나는
빗살처럼 무늬진 끄트머리마다
바람에 스쳐 반응하는 물보라.

창해蒼海 바다 위를 걷는 가슴마다
은반 위의 요정처럼 피겨 스케이터
김연아가 춤춘다, 메밀꽃* 되어.

너를 닮아 바람이 저만치 불어오고
나를 닮아 구름 한 점 둥둥 떠가고
너와 나의 바다는 하늘을 닮아
가장 잔잔할 때에 이는
메밀꽃이 가장 사랑스럽지.

생각의 나룻배 떠가는 곳에 너 있고
마음의 조각배 떠가는 곳에 너 있고
메밀꽃 안고 달려가는 항구마다
그 앞 바다는 넉넉함 받아들이는

넓고도 깊어 헤아릴 수 없는 존재가 있기에
그 어떤 무엇이라도 필요한 만큼 선택하면
유용하게 사용할 수 있으리라.

바다는 새벽에도 늘 내 옆에 있다.
하루 내내 눈부신 은빛 파도 소리
온몸에서 아기처럼 잠자는
파도가 텅 빈 가슴에 가득.

*메밀꽃 : 7~10월에 하얀 꽃이 피며, 가을에 세모꼴 열매 맺는 식물.
*메밀꽃 : 파도가 일어날 때 하얗게 생기는 물보라.

용기 있는 사람이란

무언가 해보는 사람이다.
마음먹은 것을 해보는 바로 그 사람이다.

좌절!
그것은 해보려고 마음은 먹었으되
해보기를 포기한 그 자체이다.

무엇을 망설이지? 이 사람들아!
나는 의도한 바를 시도했다. 누구라도 손가락질(?)하는 것을!
실패를 했지만, 두려워하지 않는다.
다음에 또 도전할 테니까.
나는 옳게 살아왔다고 생각하기에
나의 생각이 틀리지 않은지 늘 따져 보거든.